あなたの店を超繁盛店に変える「9つのテクニック」

店舗活性化アドバイザー
佐藤志憲
Yukinori Sato

同文舘出版

プロローグ　お客様が〝買う気〟になるとは？

はじめまして。ＯＦＦＩＣＥ ＤＥＴＥＣＴ店舗活性化アドバイザーの佐藤志憲です。まずは本書を手に取ってくれたあなたにお礼を言わせてください。「本書に興味を持っていただき、ありがとうございます」。

本書を手に取ってくれたあなたは今、こんな悩みを持っているのでは？

たとえば、「がんばっているのに結果が思うように出ない」、「どんな販促をしてもあまり効果が出ない」、「リピート客が減り続けている」。現場の経営者や店長からそんな悩みを私もよくうかがいます。

しかし、どんなに不況と言われる時代でも、増収増益を続けている企業や店は数多くあります。また一方では、インターネットの普及で、〝アマゾン〟などのネットショッピングは大きなマーケットとして勢力を伸ばしてきています。

そう考えると、実は「物が売れない」のではなく、物を買う理由や買うための手段が変わってきているだけなのだとも考えることもできます。

実際に、お客様が買い物をするときの手軽さや利便性、時間、手間の削減、価格などが重要視される傾向があります。店にお客様が来ない、買わない理由を解決するためには、店にお客様を呼ぶ方法や情報発信の仕方を工夫し、店頭まで来てもらえるようにすることが必要不可欠です。そして、店の前を通行している通行人を顧客にするために、〝今ここで買うべき理由〟を、わかりやすくしっかりと伝える工夫が求められているのではないでしょうか。そこで自分の店に気がついてもらえるために目立つアピールをいかにやるか、がポイントになってくるのではないでしょうか。

人間には〝欲〟というものがあります。物欲もそのひとつです。金額や数量に個人差はあっても、物を買いたいという〝物欲〟は絶対になくなることはありません。

では、この商品を買いたい、つまり〝買う気〟になるという心境とはどのような状況になってもらえればいいのでしょうか？　なぜ、わざわざ店に来てまで物を買うのか？　基本に立ち返って、今一度、顧客心理と行動にフォーカスを当てて考える必要があります。

この情報過多の時代では、お客様も以前と比べてチラシやＤＭ、商品や購入手段についての知識を多く持っています。特にチラシやＤＭに関しては毎日のようにあちこちから届いているため、見飽きてしまっています。だからお客様の目も肥えて、どんどん進化しているわけです。それにもかかわらず、今までの業界内だけの常識とされるやり方でうまくいったからと言って、同じやり方を繰り返していたのでは、もはやお客様の眼鏡にかなうことはできなくなっているのです。基本のパターンはあっても、今までうまくいったから、今後も同じようなやり方が必ずしもうまくいくとは限らないのです。私たち販売する側が、お客様に認めてもらえるためには2倍速で進化しなくてはならないのです。

さらに、今の社会状況は個性が問われる時代でもあり、お客様のニーズは多種多様になっています。他人が持っていない物がほしい、特別な物がほしいという要望が増えてきています。その気持ちの奥に、本当はどんなニーズがあるのかを察知し、それを汲み取って、さらに〝見える化〟して提示することが必要です。いくらインターネットが発達し、類似商品などのオススメ商品は提示できても、お客様のニーズの察知や引き出しは、まだ現場での接客ほどはできていません。

お客様の気持ちを察知し、汲み取って〝見える化〟することができない限り、インターネットや、まして競合店には勝てないし、差別化もできません。リピートにつなげるために大切な、〝お客様からの信頼〟を勝ち取ることはその先にあると言えます。もっと言えば、お客様の〝買う気〟さえ引き出すことはできません。

しかし、そう考えるとチャンスはまだ残されているとも言えます。お客様のほしいという気持ちを察知して、〝お客様に気づかせ〟〝その価値を見える化〟することができたならば、お客様は期待以上の情報を手にすることができ、〝買う気〟は、一気に高まります。さらに、その対価として、〝信頼〟と〝ありがとう〟という言葉とともに代金をいただくことができるのです。

その結果、あなたの店へ何度も通ってくれるリピート客となり、お客様自ら口コミを広めてくれるようになり、お客様があなたの店を繁盛店にしてくれることになるでしょう。

そこで、本書のキーワードをあなたにお伝えしておきたいと思います。そのキーワードとは「身内化」というものです。「身内化」というキーワードを意識しはじめ、「身内化」を実行していくことで、個人売上げだけでなく、店の売上げは伸び続けました。また、現在私が関わらせていただいているクライアントの店でも、1ヶ月で顧客満足が20％以上伸びるなどの効果が出ています。

さあ、あなたも繁盛店になる心の準備はできましたか？

それでは繁盛店への扉を開きましょう。

あなたの店を超繁盛店に変える「9つのテクニック」

2章 店頭の演出で入店数を一気に上げる方法

3章 一気に〝買上げ〟を増やすレイアウトづくり

4章 〝あっ、それほしかった！〟を一気に売上げにつなげる接客

5章 確実に勝てる商圏で勝負しよう!

6章 DMで一気に顧客を店まで連れて来る方法

7章 一気に売上げを加速させる提携術をマスターしよう

カバーデザイン・齊藤　稔
本文DTP・エムツーデザイン

1
章

繁盛店のポイントは「身内化」すること

1 なぜ今、「身内化」が必要なのか？

まず、「身内化」って何？ と思いますよね？ あなたは「身内化」と聞いてどんな関係を思い浮かべますか？ 少し考えてみましょう。

あなたの周りで、「身内」と呼べる存在はどんな人でしょうか？ きっと、父親、母親、子供、親戚などではないでしょうか。関係の濃さは人それぞれ違うかもしれませんが、損得感情抜きでお互いを思い合うことができる間柄ではありませんか？

身内と言うと、「喜びを共有してくれる」、「困ったときに助けてあげたい」、「何かをしてあげたい」、「守るべき存在」など、自分が何かをしてあげることで相手に喜んでもらいたい、喜ぶ姿や顔を見てうれしくなるという存在でしょう。この関係は、店でも同じことが言えます。

一般的に消費者は、同じ物を買うなら、1円でも安く買いたいという心理を持っています。その顧客心理にムリに合わせようと、追い打ちをかけるように単価を下げたり、値引きをしてしまい、終わりなき価格競争で、縮小していく小さなマーケットをお互いに取り合いをすることになります。

そのきわめつけが、お客様に来てほしいからチラシの内容でも、とにかく来てもらうための安い価格からさらに値下げした商品を載せて、薄利多売方式になってしまいます。薄利多売方式が悪いというわけではありませんが、やり方を間違えると、利益を圧迫して、業界自体の価値を下げ、首の締め合いになります。現場の販売においても、付加価値の高い商品がほしいお客様にも、単価の低い商品だけを勧めてしまうことになりかねません。付加価値の高い商品を販売し慣れていないと、お客様のニーズに合わせることができなくなってしまいます。ニーズを引き出せないと、お客様は、最終的にはほしいものがないと帰ってしまうことになります。もったいないですよね？

〝ショールーミング〟という言葉をあなたも耳にしたことがあるでしょう。家電量販店では、とくに問題になっています。ショールーミングというのは、ほしい商品や品番をスマホで写真を撮って、インターネットを使って安い価格を探して買うというものです。店側は、ただのショーウインドーになってしまうのです。

これでは、さすがに店の売上げは上がりません。それを防ぐために、店舗の商品をネットで販売して顧客を囲い込もうとする傾向すらあります。現場としては、販売機会を逃してしまう〝機会損失〟という状況を招いてしまいます。

そんな状況にはどの店も、もはや嫌気がさしていることでしょう。そこから抜け出すには、販売する側はもちろん、お客様にも意識を変えてもらうようにする必要があります。

お客様に意識を変えてもらうとは、〝他にも安い店はあるけれど、他の店ではなくこの店で買いたい！〟〝あなたから買いたい！〟と思ってもらえるような価値観を感じてもらうことを意味します。これは、競合店にお客様を渡さない強い関係をお客様と作ることにもつながります。最終的には、店とお客様、スタッフとお客様の2つの関係を店側から作るのではなく、お客様から求めていただける関係を作ることです。それが、「身内」という関係を作る第一歩になります。

今このタイミングだからこそ、お客様を「身内化」することによって、景気や競合店に負けない、お客様が足しげく通う強い店を作ることができるのです。

2 顧客を絶対に「ファン・信者」化してはいけない理由とは？

(1) 身内化という存在とは？

接客という仕事をされているあなたは、一度ぐらいこんな言葉を聞いたことがありませんか？

「お客様をファンにしましょう！」、「お客様を信者化しましょう！」。

私も、新入社員の時代から先輩やその当時の店長によく言われました。「なるほど、お客様をファンや信者にするのか！」。お客様が喜ぶことをドンドンやっていこう！　そう思って日々店頭に立っていました。その先輩方のご指導もあって、お客様から名前を覚えてもらい、指名で店に来てくださるお客様が増えました。

しかし、その後、私は大きな悩みを抱えることになりました。その悩みとは、イベントになると、とたんにお客様をお呼びすることができないということでした。お声をかけると、「行くわ！」、「せっかくだから寄るね！」などお客様の返事は毎回よかったにもかかわらず、結果はいつもほとんど誰も来てくれません。お客様への不信感とともに、〝お客様は裏切るものだ〟と私はねじれた考えを持つようになってしまいました。

そんなとき、店のイベントに70代の女性のお客様をお誘いしました。そのお客様は最近よくお見かけする方でした。お声をかけると、答えは予想通り、「じゃあ、せっかく誘ってくれたから寄るわね」というものでした。正直なところ、〝あっ、またか！　どうせ来ないいんだろうな〟と思っていました。

しかし当日、私の予想は見事に外れました。時間ちょうどに来てくださったお客様を見てびっくりして、思わずそのお客様に〝ホントに来てくれたんですか！〟と失礼にも言葉に出してしまいました。普通に考えれば、とても失礼なことですよね。自分で呼んでおいて、「本当に来たんですか?」なんて。私だったら怒ってしまうかもしれません。

そのお客様のひと言が、その後の接客やスタッフとの接し方や、私の中での〝店や販売員としてのあり方〟の核なる部分を作ったと言っても過言ではありません。

そのお客様が言った何気ないひと言というのが、「だって、佐藤さんはいつもよくしてくれるし、私にとっては身内みたいなものよ。身内は絶対に裏切らないのよ。あなたのお父さん、お母さんもあなたを裏切らなかったでしょう? だから、私はあなたとの約束を守りたいから来たのよ。声をかけてくれてうれしかった。独り身の私は、あなたのおかげでここが自分の居場所だと思えるの。いつもありがとう」と言ってくださいました。今でも、思い出すたびに瞼が熱くなります。

後で聞くと、そのお客様はわざわざ病院の時間を変更して、ご来店くださっていたのでした。

そのときから私の中で、「身内化」という言葉がテーマとなりました。

ですから本書の「身内化」というのは、私が考えた言葉ではありません。そのとき、お客様からいただいた言葉なのです。その感動は、接客をしている私にとって何物にも代えがたい宝物でした。

改めて、接客やお客様とスタッフとの関係のあり方を、今までよりも深く考えるようになりました。

そこで気づいたのが、〝お客様とスタッフの立ち位置の関係性〟でした。お客様は、店やスタッフに何かを与えられて喜ぶファンや信者の立場で、本当に満たされているのか？　と考えるようになりました。

70代の女性のお客様がくれた言葉の本当の意味は、居場所を作ってくれたことに対しての感謝の言葉だったのでは？

お客様が本当にほしいのは、商品を買うだけの空間でなく、その空間に自分の居場所を感じることができて、存在を認めてくれる場所なのではないのか？

ならば、店ができることは、お客様が店から与えられることで喜びを感じるのではなく、お客様が店に与える喜びを持ってもらえる空間を作るほうが大切なのではないか？

与えられる喜びよりも与えたことで、「ありがとう」と言われる、与える立場のほうが存在価値が感じられるし、居場所を感じられるのではないか？　そう考えると、今と違う立ち位置、お客様の立場を変えることが必要であると感じたのです。

そこでお客様を「身内化」するために何が必要なのかを考えました。

（2）お客様を「身内化」するための3条件

①店のコンセプトに共感してもらえること

②お客様のステータスを上げること
③スタッフが、とことんお客様と身内以上に親身に向き合うこと

①コンセプトは共感してもらえなければ、最初から気が合わない人と結婚するようなものです。気が変わってしまった、利害関係がトラブルの元になることもあり得るからです。最初から店のコンセプトを理解してもらったうえで、「身内化」してもいい人かどうかの見極めが必要になります。

②お客様のステータスを上げるということは、お客様が店からの発信で社会的地位が上がるということになります。お客様は、自分の常連の店に行くと「いつもの！」と言いたくなるし、連れていった仲間に、自分が特別扱いされるのを自慢したいのです。自分の贔屓にしている店では自分は特別扱いしてもらえるし、鼻が高い。だから、店に来てもらったお客様は徹底的に贔屓し、一緒に来たお客様の前でそのお客様が店のＶＩＰであるかのように扱うことが大切です。

お客様の連れの人に「この人はここの常連なんだ！　すごいなあ」と思ってもらえるように演出するのです。常連の店でお礼を言われ、連れにそれを見られるのは誇らしく、自分のステータスが上がったように感じます。

身内化の体系化

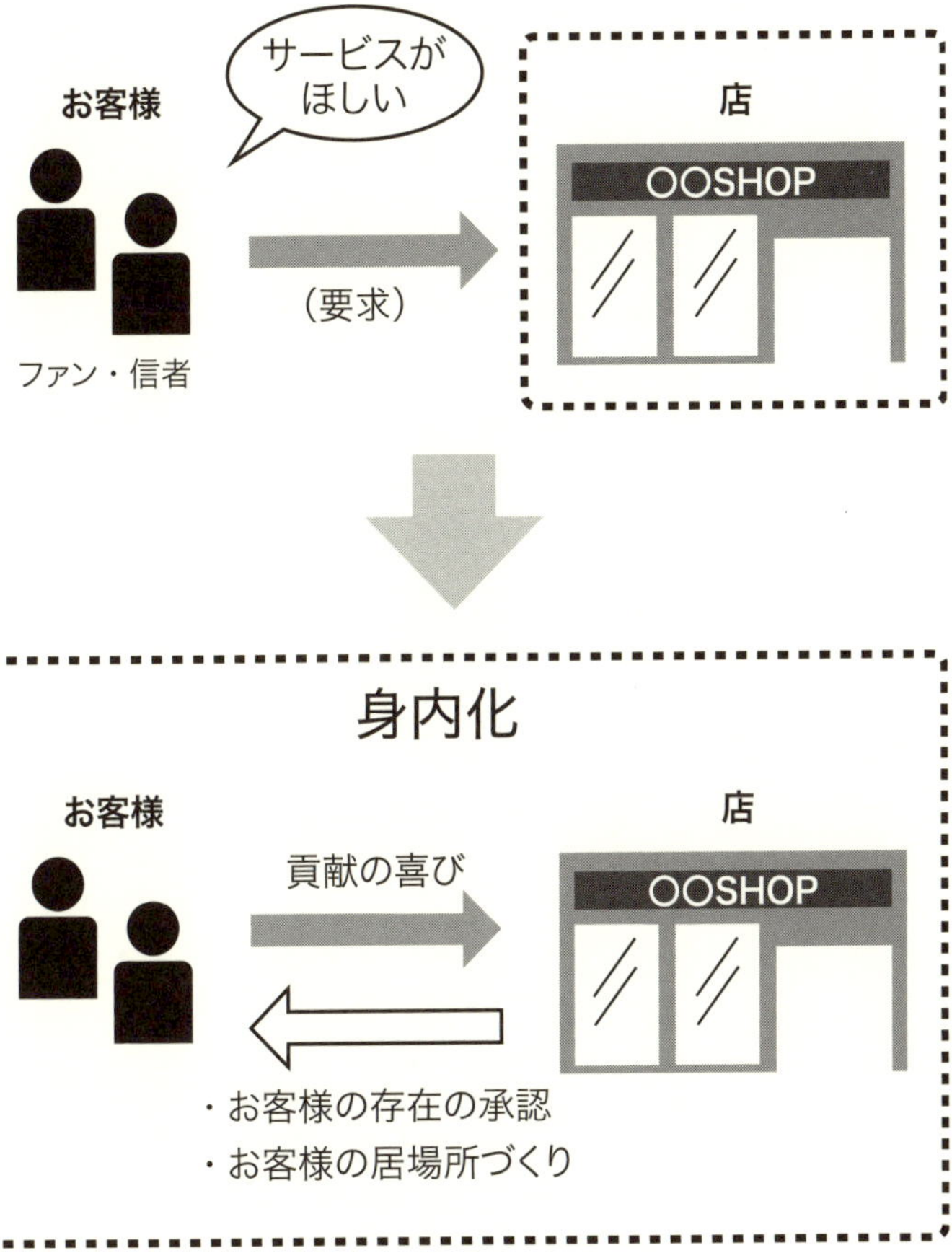

お客様
サービスが
ほしい
店
OOSHOP
（要求）
ファン・信者
身内化
お客様
店
貢献の喜び
OOSHOP
・お客様の存在の承認
・お客様の居場所づくり

③スタッフがとことんお客様と向き合うということは、自分や自分の家族が物を買うときと同じ思考で接客するということです。身内であれば、その商品は今、お客様に本当に必要なのか、もし先々必要であれば、「今は要らないかもしれませんが、先々こういう状況で必要になりますが、どうしますか？」と聞いてあげるでしょう。

また、メガネ店の事例でたとえると、子どもさん用の初めてのメガネを買いに来たお客様に対して、高価格のメガネを販売するのか、ということを考えます。

初めてのメガネならば、壊すかもしれないし、紛失してしまうかもしれない。その場合にはまた新しいメガネを買わなければならなくなる。また、友だちがふざけて遊んで壊すかもしれない。そんなときにトラブルを大きくしないことや、そのときの出費を考えると安いメガネを勧めてあげたほうがいいのかもしれない。

逆に初めてのメガネなので、少し高いけれど、かけ心地がよくて軽いメガネを勧めてあげることで負担が少なく疲れにくい快適なメガネで、子どもさんがメガネを好きになって大切に使うかもしれないと、さまざまな状態が考えられるわけです。

その条件の中で考えられるメリットとデメリットを伝えたうえで、相談しながら購入するかどうかを決めることが身内にすることなのです。お客様にとことん親身になって向き合うことが必要になるのです。

3 「身内化」することでお客様が得られる大切なメリット

「身内化」の意味と、どんなお客様を身内化するのかおわかりいただけましたね。

では、「身内化」することでお客様が得られるメリットとは、いったい何でしょうか？

どうすれば「身内化」されることをお客様がうれしく感じ、「身内」になりたいと思っていただけるのか？　そこに大きな魅力があります。

値引きしてくれる？

おまけをつけてもらえる？

接待がある？

いえいえ、そんなことではありません。

それではファン化、信者化と同じです。

お客様が「身内化」されて魅力を感じてもらうには、3つのステップがあります。

STEP1

ひとつ目のステップは、〝存在感を承認してもらえる居場所〟を作ることです。

人間誰でも、自分の存在を承認してもらいたいという願望があります。承認されることで自分の存在意義が確認でき、人とつながっていられることで、自分というアイデンティティーを見つけることができます。昨今話題となっている〝第三の場所〟という言葉もここからきていると言えるでしょう。

〝第三の場所〟というのは、第一の場所が自宅、第二の場所が仕事場、そして今、そのどちらも自分の居場所を感じることができず、スターバックスコーヒーなどのカフェで自分がやすらげる時間を過ごすということから来ています。

そんな時代だからこそ、お客様の居場所を作ることができる空間を提供すること。安心して過ごせる場所ができること。承認されて、存在意義を認めてくれることこそが、お客様が「身内化」で得られるメリットなのです。

STEP2

2つ目のステップは〝お客様のステータスを上げる〟こと。

ひとつ目のステップで自分の居場所を作ってくれる空間として「身内化」されるメリットを感じてもらうことができましたが、2つ目のステップでは、お客様のステータスを上げるということです。では、お客様のステータスを上げるとはどういうことなのでしょうか？

ひと言で言えば、お客様の周りからの目を1ランク上げるように演出するということです。「でも、お客様のステータスを上げるなんて、簡単にはできないでしょう?」と思いますよね?

それができるのです。

あなたも経験したことがあるのではないでしょうか? たまたま入った飲食店で、〝いつもの!〟と注文している他のお客を見て、羨ましいと思ったことが。

これがさらに慣れてくると、スタッフのほうから〝いつものでよろしいですか?〟となります。

もし、部下や友人とその店に行ったときにこの状況を見て、一緒に行った人はあなたをどんな目で見るでしょうか?

〝へえ~、この人はこの店の常連なんだ。なんだか格好いいな、すごいな!〟となる可能性は高いでしょう。さらに、家族や恋人と行ったときには、ある種、尊敬のまなざしで見られることでしょう。

たとえば、あなたが子どもを持つ父親なら、〝うちのお父さん、格好いい! すごいなぁ!〟というような目で見られることになるでしょう。

実は、行きつけの店を持っている人は多くないというのが現状なのです。

行きつけの店を持っているだけで、周りの人から一目置かれることもあるわけです。その場を用意するのが、私たち、店の人間の仕事のひとつでもあります。

たとえば飲食店ならば、ある料理の味つけや価格を常連のお客様たちの声をもらいながら、相談して一緒に決める。それを商品化し、その意見をくれた常連の方たちの顔写真と名前を入れて、POPにして貼り出す。自分の名前入りで、自分が開発に関わったメニューPOPがあると自慢したくならないでしょうか？　友人を連れて来て、ちょっと自慢したくなるのが人の常でしょう。

これだけでも、その常連の方のステータスは上がりますが、もうひとつ仕上げがあるとさらにステータスが上がります。

そのメニューを食べたお客様の喜びの声をPOPにして貼り出すのです。

貼り出すPOPの順番は、

①顔写真と名前入りの開発者POP

②そのメニューの写真

③そのメニューを食べたお客様の喜びの声

という順番です。

なぜ、この並べ方をするかというと、メニュー開発者の顔と名前があり、それが形になって、他のお客様の喜びを作り出している、〝人の役に立っている〟という感覚を、わかりやすく視覚的に順番に見せて、イコール関係の見える化をして、理解しやすくするためなのです。

また、物販店のように、すでに出来上がっている、本部からの商品を店頭に陳列していて、商品の開発なんてできないという店の方は、陳列の仕方や店内の商品のおススメを作って、〝西宮市○○町1丁目の佐藤さんオススメのコーディネート〟や〝西宮市の岡本さんのおススメ商品〟など、お客様の名前を出すことによって、親近感と話題性を演出できるのです。

そのPOPに載った人は、町内や知り合いの中で話題になり、その状況を持て囃されることになり、喜びを感じることができます。お客様の声をいただきながら、お客様のステータスを上げることになるのです。

STEP3

最後の3つ目のステップが、〝コミュニティーで仲間づくりができる〟こと。

同じ意識と居場所とステータスを用意された顧客を引き合わせることで、この店に関わることでうれしいことがある。何かしてあげることで、自分達にとってもメリットがあるという共通の認識が生まれる。男気のある応援団のような存在です。

1人でそこまでするのは難しいですが、チームや仲間と一緒なら強い力を発揮でき、達成感を一緒に味わうこともできます。そんなコミュニティーを作ることができます。

頼られるうれしさと、関わることで自分のステータスが上がり、居場所や共通の意識を持った仲間ができる。お客様が、「身内化」されることで得られる最大のメリットはここにあります。

4 「身内化」することで店が得られる宝物

今度は、「身内化」することで、店が得られる最大のメリットをお伝えしましょう。これがわかっていないと、店が「身内化」するメリットが薄く、継続することは難しくなってしまいます。

では、店が「身内化」することで得られることとはいったい何でしょうか？　店が「身内化」することで得られる3つのメリットがあります。

まずひとつ目が、〝裏切らない顧客のコミュニティーができ、顧客の囲い込みができる〟

ことです。

店を継続していくうえで大切なのは、顧客であり、リピート客数がどれだけいるかで今後の売上げの安定度が決まってきます。新規客ではなくリピート客に重きを置く理由は、とてもシンプルです。

リピート客は、一度自店で商品を購入してくれているお客様です。新規客は、知らない店でいきなり商品を購入するのはハードルが高いわけです。店や商品に対する信頼度がまだない状態ですから、とりあえずお試しという感覚も少なからずあるから、単価が低く、購入率も低くなる傾向にあります。それに引き換え、リピート客は一度財布を開いてお金を払っていることで、店に対して、ある程度の信頼度があります。店のことを知っている、商品のことも知っているから、まったく知らない店よりも来店するハードルが低いということになります。リピート客が増え、店で顧客データを作っていれば、前回の購入商品の記録から好みや予算など顧客情報をつかんでいることから、次回の提案がしやすいということにおいても魅力的です。

それに引き換え、新規客を集客するためにはチラシや広告など、多大な経費かかってしまいます。当然、いずれ競合店も出店して来るし、どんなに頑張っていても、引っ越しなどのやむを得ない理由でリピート客が減ってしまうこともあります。そんな状況でも顧客を減らさないためには、常日頃からの顧客の囲い込みができているかどうかで決まります。

もし、日頃から地域の顧客の囲い込みができていたならば、競合店が入る余地はないはずだし、たとえ出店しても顧客を取られる心配は少なくてすみます。そんな状態を作るために必要なのが、絶対に裏切らない顧客との関係づくりであり、地域の顧客の囲い込みなのです。

そして、2つ目が、〝口コミを拡散し、新規客の呼び込みをしてくれる〟ことです。

地域でのお客様の囲い込みができたら、そのお客様は店に対してどんな気持ちで、何をしてくれるでしょうか？　地域で贔屓にしてくれているお客様は、今はまだあなたの店の存在を知らない人に対して、何と言って勧めてくれるのでしょうか？

「あの店はよくしてくれるから、他の店に行かずに、あの店に行ったほうがいいよ。今度一緒に行ってみる？　よく知っている人がいるから、紹介してあげるよ」というような強力な口コミをしてくれます。地域のコミュニティーの中で顧客と強い信頼関係ができ、囲い込みができていると、店から積極的に告知に動かなくてもよくなるということです。

店から告知をかけると、売り込みに聞こえてしまうこともあるでしょう。しかし、友だちやご近所さんが勧めてくれる店というのは、売り手側からの告知ではないため、売り込みにはならないのです。

さらに、友達やご近所さんという、ふだんから信頼関係でつながっている人たちからの情報だから信頼度が高く、行動を促しやすいというメリットがあります。

気がつくと、知らない間に地域の顧客同士で店の口コミ宣伝をして、新規客の囲い込みをしてくれるようになるのです。これが、〝口コミを拡散し、新規客の呼び込みをしてくれる〟ということなのです。


最後に3つ目が〝顧客のニーズを顧客自身からダイレクトに生の声で受け取ることができ、地域の特性や内情を濃く知ることができる〟ということです。

「身内化」することで、得られるのは顧客数だけではありません。顧客のニーズは、その土地や住んでいる地域、年代、性別によってさまざまです。そんな多様なニーズに対して、すべて応えられる範囲の許容量なのか、それともすべてに応えることは難しい場合は、どの部分に重きを置いて戦略を立てるのか、そこを考えるうえでリサーチというものが必要不可欠です。そのリサーチに必要なのが、顧客の生の声を聴くということなのです。それも人づてに聴くのではなく、顧客自身からダイレクトに聴くことが大切です。

人づてだと、伝言ゲームのようになってしまい、最後には違う言葉に変化してしまうこともあります。私たち現場の人間がほしいのは、顧客が自分の口で発する言葉そのもので、そこに含まれる隠れたニュアンスなのです。

そこをダイレクトに聴くことで、顧客に本気で取り組もうとしているという姿勢を示すこともできます。そうしていくことで、地域のお客様に自分たちのことを知ろうしてくれている、私たちのために努力しようとしてくれているという気持ちを持ってもらうことができます。だから、自然と顧客からの信頼度が高まり、ダイレクトに声が入ってくるようになります。

そこまでできると、その地域の顧客がどんなものがほしいのか、どんな価値観を持っている人が多いのか、その地域独特の特性や趣味嗜好から、地域の住人のニーズを知ることができるようになるのです。

しかし、ひとつ注意しなければならない点があります。それは、お客様の声には主観が入るということです。起こっている事象だけでなく、それを感じてどう思ったかの主観がプラスされて、本当の事象と少し違った事実になってしまうことがあります。

だから、言葉のニュアンスをよく聴き取り、言葉の後ろに隠された本当の情報を聴き出すことが必要です。しかし、的を射た意見も多く聴くことができます。お客様はマーケティングのプロではないため、分析内容に乏しい答えが返って来ることもありますが、「身内化」できている顧客は、ただ単に自分たちがどうしてほしいのかという意見だけではなく、〝どうすれば、この店のお客を増やすことができるか?〟という1人のスタッフとしての目線で見てくれています。素人目でなく、半分プロの目で見てくれた情報をくれるなんて、こんなにありがたいことはありませんよね。「身内化」することは、店にとってとてもステキな宝物が手に入ることになるのです。

5 「身内化」が店を救う

さあ、そろそろあなたも「身内化」することのメリットの大きさを感じて来たのではないでしょうか？

最終的には「身内化」することによって、「店が救われる」のです。なぜ、「身内化」することで店は救われるのでしょうか？　店が救われる理由は4つあります。

1　売上げ向上と販促費の削減
2　新規客の増加と旧顧客の固定化
3　スタッフのモチベーションアップ
4　地域一番店のブランドが手に入る

ひとつ目は、〝売上げ向上と販促費の削減〟です。初めは少しずつですが、既存のお客様が新規のお客様を紹介、もしくは連れて来てくれるため、今まで新規客獲得のために行なっていたチラシやＤＭなどの販促費を徐々に減らしていくことができるようになります。

今までチラシ代やＤＭ発送代などで費やしていた販促にかかる経費を抑えることができるようになり、経費負担が少なくなり、他への投資ができるようになっていきます。

それは、既存のお客様へのサービスが手厚くなることで、さらに新規客を連れて来てもらえるようなツールを作ることに使うと、さらに効果的です。


2つ目は〝新規客の増加と旧顧客の固定化〟です。

新規客獲得のために今まで費やしていた販促費用が抑えられたことで、既存のお客様への手厚いサービスやモニター会、サンキューＤＭなどに使うことができるようになります。

さらには、既存のお客様への定期的な手紙や喜んでもらえるようなイベントを催すことで、地域のお客様の中での話題性ができ、参加してもらうことで一体感も出すことができます。

接触頻度を上げ、顧客との関係を密にすることができ、より濃い「身内」となり、既存のお客様を固定化していくことができます。結果的には、何の情報もなく新規で来店するお客様よりも、地域のイベントなどや紹介で、あらかじめ情報があって来店してくれる新規客のほうが安心して来てもらいやすくなります。さらに店への信頼度も高いため、購入していただける可能性が高く、顧客同士で同じ話題ができるため、地域内での顧客の固定化がしやすくなります。

3つ目は〝スタッフのモチベーションアップ〟です。

顧客の固定化ができ、よく知ったお客様は店に来てくれることで、お客様とスタッフとの関係も親密になり、より濃い関係になっていきます。関係が密になることにより、スタッフはお客様の求めていることが自然とわかるようになっていきます。

お客様がほしがっていること、求めていることがあらかじめわかっていると、お客様がほしいと言う前にお客様がほしいものを先回りしてお伝えしたり、提供することができるようになります。そのサービスを受けたお客様は〝なぜ、私のほしいものがわかったの?〟〝気がきくねえ〟というような賞賛と感謝の言葉をくれるようになります。

こんな言葉をいただくとスタッフは、お客様と接することが楽しくなって、他のお客様からもその言葉をもらおうと頑張ります。その意識はスタッフを自然と笑顔で輝かせ、確実にお客様にとってすばらしいサービスを提供することになります。そして、さらに多くのお客様から賞賛の声をいただくようになっていきます。

「身内化」を進めていくということは、地域に貢献し、顧客の喜びを増やし、店にもメリットが大きくなるだけでなく、店で働くスタッフの成長とやりがいづくりにもなるのです。このスパイラルが、スタッフのモチベーションをアップさせることになるのです。

さらにすばらしいのは、スタッフのモチベーションが上がることで、スタッフの定着率がよくなるため、ここでも採用経費が助かるし、新人教育に割く時間的なロスを減らすことができることもメリットになります。

4つ目は、〝地域一番店のブランドが手に入る〟ということです。

ここまで来ると、店の人気を広めてくれる人がいて、紹介でお客様をつないでいるという信頼感が地域の中で生まれてきます。つまり、「○○屋さんといえば、△△だよね！」というイコール関係が、地域のお客様の中での当たり前の図式としてできてきます。いや、強制的に半分刷り込んでいくと言ってもいいかもしれません。

一度来店して商品を購入したお客様が、次に店に来なくなる理由がわかりますか？　一般的にはこんな理由が考えられるでしょう。

トラブルがあったから？

スタッフとの相性が合わなかったから？

商品が気に入らなかったから？

それも、たしかにあるかもしれません。

しかし、顧客がお店に来なくなる一番の理由はどれでもないのです。

お客様が店に来なくなる一番の理由は、〝店のことを忘れてしまう〟からなのです。それは、地域の中での暗黙の了解や「○○屋さんといえば、△△」という図式が頭に浮かばないために、頭の中で浮かんだ選択肢の中で上位にある、他の店に行ってしまうからなのです。

地域のお客様を「身内化」することによって、顧客の流出を防止し、顧客に忘れられない店になることができるのです。その結果、〝地域一番店のブランド〟を手に入れることができるのです。

ここまで読んでみてどうでしょう？　「身内化」をしない理由は見つかりますか？　もっと言えば、競合店がやる前に、一刻も早く「身内化」しないと危険だということがおわかりいただけたのではないでしょうか？

2章

店頭での演出で入店数を一気に上げる方法

1 歩く速度を操作し、入店させる仕掛けを作る

毎日営業をしていると、あなたの店の前をどのくらいの通行人が通っているでしょうか？毎日、店の前を溢れるほど人が通っているという店もあるでしょう。

そのうちの何人が店に入ってくれているでしょう。そのうちの何人が、私たちの店があることを認識してくれているでしょうか？

逆に、店の場所が目立たなくてわかりにくい、通路が狭くて人通りが少ない、立地の関係上そもそも人が通らないという店もあるでしょう。

では、いったいどうすれば店に入るお客様を増やすことができるのでしょうか？　おそらく店では、何とかお客様に店に気がついてほしい、入店してほしいと思って店頭を工夫されているのではないでしょうか？

たとえば、店頭に立て看板を置いて店に気がついてもらえるようにしている、または店頭で、セール商品などの告知や呼び込みをやっていませんか？

ではたして、そのような活動にどのくらいの効果があるのでしょうか？

一所懸命されてはいるものの、実は意外と効果がなく、何もやらないよりマシだというこ

とでやっている店が多いのです。しかし、なかなか結果が出ないため、やっても無駄だと諦めてしまう傾向にあります。

せっかくはじめた気持ちが無駄になってしまうと、とてももったいないないですよね。

では、店頭でどうすればお客様に気づいてもらうことができて、入店してもらうことができるのでしょうか？

まず、店頭での仕掛けの意図をはっきりとさせることです。お客様に、どんな行動をしてほしいかを明確にすることです。

チラシや立て看板を置いても、お客様にどうしてほしいのか、店の意図がはっきりしていないと、やみくもにやってもお客様に行動を促すことはできないのです。

では、店頭ではどんな意図を持って仕掛けを作るのか？　どうすれば、通行客が立ち止まりたくなるのか？

それによって何を見せて、どこを通って店内に入って来てほしいのかまで考える必要があります。

通行人が店に入ってくるためには、店の商品を見たい、入ってみたいと思うだけの心理状態を一瞬で植えつけなければならないのです。

その心理状態を知っておかなければ、立て看板を設置して入店の仕掛けを作っても、チラシを撒いてみても、せっかくの努力が水の泡になってしまいます。

しかし、その心理さえ知ってしまえば、店頭に人を集めることなどそれほど難しいことではありません。

では、店の前を通っているただの通行人が、どうすれば店に気がつくのでしょうか？　つまり、確実に目を奪うような強烈なインパクトが必要なのです。

その方法はいくつかあるので、本章でしっかりとお伝えしていきます。

通行人を入店させるために最初にするステップは、〝視覚的に刷り込む〟、つまり目を奪うことです。目を奪うためには、店の前に目を奪うだけのモノがないといけません。


まずひとつ目が、店頭に人だかりを人為的に作るという作戦です。

多くの人は、人が集まるところに興味を持ちます。なぜなら、人が集まっているということは何か特別なことがあるに違いない。集まっている理由はいったい何だろう？　と興味を持ち、その理由を突き止めようとします。答えを知らずに、立ち去ることは非常に気持ちが悪いことです。

たとえば、高速道路で事故が起こった場合、事故の処理が終わっているにもかかわらず、なかなか渋滞が解消されないことがあります。それは、渋滞の理由を知りたいからです。なぜ、自分が時間を取られたのか、答えを自分の目で確認をしたいという心理からきています。だから脇見運転で、なかなか渋滞が解消されないのです。店頭でも、それと同じことが言えます。

店頭に人が集まっていると、何かお得なことがあるのか？　もしセールがあるならば、見ないと損をしてしまうという心理から、人だかりがあると、自分も自らその人ごみの中に入っていくことになるのです。

その心理を使って、店頭で通行客をせき止めるように視覚を惹きつけ、店頭に人だかりを作るのです。

通行客が、動線に対してどの向きに来ているのか？　次ページの図のように、もし通行客が右から来るほうが多いなら、その通行客の目線に直交するように立て看板を設置するべきです。

しかも、その設置場所は、店頭の通路ギリギリに置いて、通路が少し通りにくくなるぐらいが理想的です。通路が通りにくいということは、歩く速度が自然と遅くなるからです。

人間は、歩く速度が上がると視野が狭くなり、周りのものが目に入らなくなります。店の存在や立て看板に気づいてもらうためには、通路を歩く速度を遅くして目の動きを多くして

効果的な立て看板の位置とは

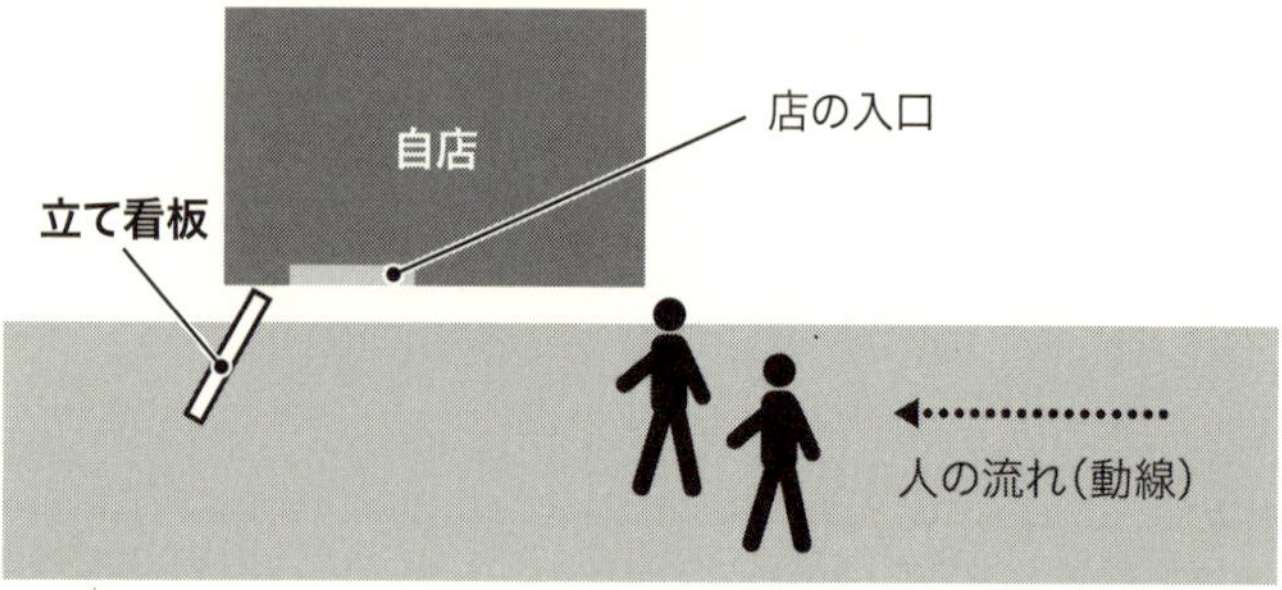

【ポイント】
①立て看板は通行の邪魔になるぐらいの場所に、視線と直交するように設置する
②立て看板が邪魔なので、歩く速度が遅くなる
③歩く速度が遅くなると、立て看板や店頭のディスプレイを見てもらえる時間が長くなる
④通路が込むと、その理由を見つけるために店頭を覗きに来るお客が増える
⑤通行客が店頭に集まり、店内に入って行くきっかけができる

もらうようにしなければならないのです。だから、通路はあえて通りにくくする必要があります。そこで、立て看板を直交させて設置することで、その立て看板を見せるのです。

通路が狭くなって歩きにくい状態で、正面に邪魔になる立て看板があると、その立て看板を避けて歩こうとします。つまり、人間の危機回避能力を使うわけです。

人間の脳の作用には、意識と無意識というものがあります。危機回避能力は、無意識に発揮されるものです。さらに、人間の無意識というものは、判断を間違えるものです。

たとえば、事故でガードレールが目の前に迫ってきたら、瞬間的に向きを変えればいいのですが、無意識は生存意欲が強いのと同時に、その危険物が何なのかを判断するために直視しようとします。人間の体は、無意識で見たものに対して体が引っ張られるために、ガードレールにそのまま激突してしまうのです。

これを元に考えると、通路に障害となる立て看板があるだけで、その立て看板に何が書いてあるか見ざるを得ないという仕掛けなのです。さらに、その看板の前に入口を作っておくと、自然に立て看板から入店を促すことができるのです。もちろん、これは通行客の通行時間によっても変える必要があります。

朝は、駅に向かう通行客が多いのであれば、右から来る通行客の視線に直交させる立て看板になるし、帰りは逆に左からくる通行客に向けてのものになるでしょう。せっかくのチャンスを、一瞬でも無駄にしてはいけません。

タイミング、時間、通行人数に合わせて、仕掛けを作ることが大切になります。

そこでもっとも効果があるのが、立て看板の設置と店のメインターゲット客に合わせた入口のＰＯＰと商品の〝魅せ方〟です。

次項では、具体的なその立て看板や演出の仕方についてお話ししていきましょう。

2 五感に訴えて店頭で立ち止まらせる演出の仕方

今、あなたの店では通行客をどうやって店頭にまで導いていますか？　どうやって店内に入ってもらう〝仕掛け〟を作っていますか？　まさか「入って来い！」と通行客を睨めつけていませんよね？

本当は、お客様が勝手にどんどん入店してくれるのが理想です。しかし、現実はそんなにうまくいかないと思われがちです。でも、安心してください。うまくいく方法を今からお伝えしていきますね。

その方法が、「五感に訴える」ということです。人間はふだんの生活で五感をフルに使っています。

視覚、嗅覚、聴覚、味覚、触覚があり、そのふだん使っている感覚に訴えることはとても効果があります。なぜなら、感覚というものは脳に刷り込まれる重要な要素に他ならないからです。その五感を使って、通行客をどうやって立ち止まらせるかがポイントだからです。

まず、ひとつ目の感覚は視覚です。人間の脳に入る情報の約80パーセントが、視覚によるものなのです。

つまり、店頭で視覚に訴えることで、お客様への興味と意識を大きく傾けることができるのです。

店頭で、立て看板やＰＯＰ、ショーウインドーなどを立体的に意識に刷り込めるように見せることで、一瞬にして通行客の視覚を奪うことができます。

44ページの図のように、通行客が通路を通る場合、その視線の高さはどこにあるのでしょうか？

その高さに、ＰＯＰやディスプレーが目に入るように設置しておくことはとても大切です。

さらに、店の情報や店頭の演出を顧客の五感に刷り込む方法があります。それが嗅覚です。人間にとって嗅覚、つまり匂いという情報は、脳の記憶にもっとも残りやすい情報として取り上げられています。

たとえば、焼鳥屋の近くを通れば、焼鳥屋があるかどうかわからなくても、どこかに焼鳥屋があるはずだと探してしまうことがないでしょうか？

あなたは、〝ＬＵＳＨ〟という石鹸を扱っている店舗を知っているでしょうか？

ＬＵＳＨを扱っている店は、近くに店があるかどうかわからないにもかかわらず、その匂いを嗅ぐだけで、「あっ、ＬＵＳＨの店が近くにあるな！」と気がつくほどです。

もし、石鹸がほしい、前からLUSHが気になっている顧客は店の所在がわからなくても、匂いを追って行くと迷わずに店舗にたどり着くことができます。さらにLUSHの店では、店頭で石鹸を泡立て、ふわふわと輪を空中に浮かせることによって、視覚的にも通行客の興味を引くようにデモンストレーションをしています。

視覚と嗅覚での刷り込みは、人間がもっとも記憶と印象に残りやすい条件が揃っています。これ以上ないぐらい最強の店頭デモンストレーションと言ってもいいのではないでしょうか?

そして忘れてはいけないのが、聴覚です。人間は必要な情報は聴き、不要な情報は聴き流すことができる動物です。

店頭を歩いているときにセールや新作の案内の呼び込みがあると、興味がなくても、気がつけばその呼び込みの方向を見ていることがあります。

これは人間の声に呼ばれているという印象があるから、ついその呼び込みをしている方向を向いてしまうのです。

しかし、ここで大切なのが、最近のアパレル系で見られる、みんなが同じ声と口調で呼びかける「いらっしゃいませ〜」という呼び込みの手法です。

たしかに、声の高さは耳に入りますが、他の店と同じ変化のないものでいいのかは疑問があります。その声を聴いて、顧客があなたの店を思い出してくれるか？　その差別化が、呼び込みにも必要だということです。

たとえば、コムサストアーでは、どこの店に行っても〝ビートルズ〟の曲が流れています。これも立派な聴覚への刷り込みです。

店内でビートルズが流れていることで、もしテレビやラジオでビートルズが流れたときに、コムサストアーを思い出してもらうことができるでしょう。

しかも、あの超有名なビートルズだから、テレビやラジオでもかなりの割合で流れることが多いのです。そこまで狙った戦略であると感じることができます。実際私は、テレビでビートルズが流れたときにコムサストアーを思い出してしまいました。

視覚で直感を奪い、店頭への注意を強制的に惹きつけることができます。そこから、嗅覚で記憶に刷り込み、次にその匂いを嗅いだときに記憶の引き出しから店のことを思い出してもらえるように導くことができます。そして、聴覚でその店のことを店以外の場所にいても思い出してもらうことができるのです。

そして、スーパーマーケットなどの店頭で、何十年も前から行なわれている試食です。これも立派な店頭戦略です。

試食することで、つい買ってしまったことがあるという人が、約4分の3もいるようです。

買う予定のなかった食品を試食コーナーで試食したところ、つい気に入って買ったことはありますか？
（試食したことがある人のみの回答）

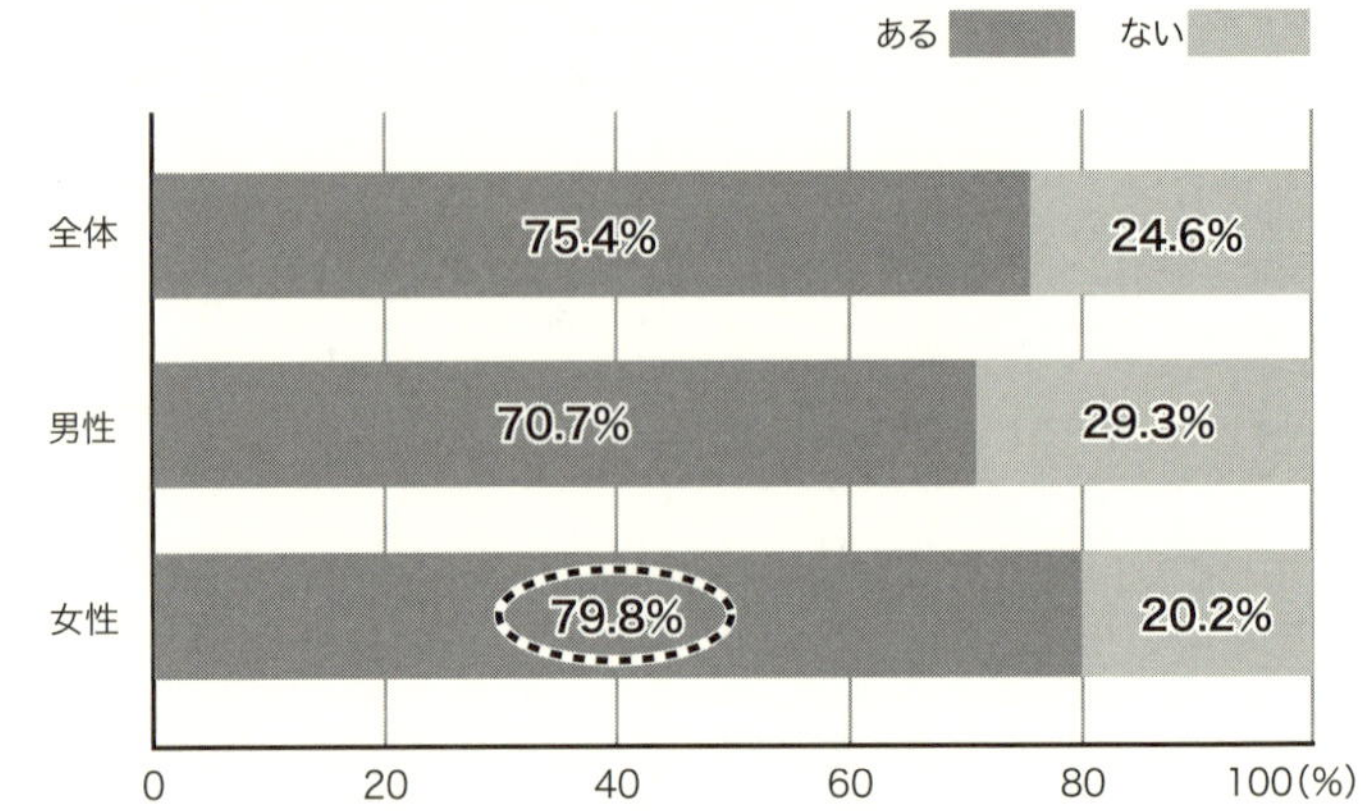

女性の購入率は驚異の80％です。

試食をしてもらうことができれば、ほぼ購入につなげることができると言ってもいいでしょう。

ここには、タダでもらってしまっては申し訳ないと感じる日本人の人のよさが出ていると言ってもいいでしょう。

そして触覚です。触覚も、店頭にサンプルを手に取れるように設置し、〝この感触を触ってみてください！〟、〝新感覚〟などと書いたＰＯＰを書いておくだけでも、店頭で足を止めてその商品に触れてもらうことができ、その感覚をたしかめるために商品を触りにきます。触って確認することが、人間の判断基準になっていることがよくわかります。

インターネットでの買い物をすることに抵抗がある人は、「実際に見て触ってみないとわからない」という、この感覚がその理由のひとつと言えるでしょう。

また、「さわらないで！」と書いたＰＯＰを設置すると、面白いことが起こります。「さわらないで！」と行動を禁止されることで、逆に触りたくなり、気になって、買ってしまうということもあります。

3 入口は広く、安心感を演出して入店させる方法

（回遊時間を1・5倍に増やし、売上げを2倍に上げる方法）


さあ、あなたも店頭でお客様を惹きつける方法がわかってきましたね？

店頭から店内に入ってもらうことができれば、購入の可能性がぐっと高まります。

しかし、店頭までお客様を導いて、その後の仕掛けができていなければ、せっかくの商品を見てもらえるチャンスを活かすことができません。そうなれば、どんなにすばらしいスタッフがいても、接客に入るタイミングがうまく取れず、購入に至るチャンスはなお少なくなってしまいます。

では、店頭で興味を持って入店してくれたお客様に商品を買ってもらうためには、どんな工夫をすればいいのでしょうか？　それは、店内での回遊時間を長くすることです。

入店して、店内をグルッと見渡して、店からすぐに出て行ってしまうお客様の心理がわかりますか？　もし、興味があれば商品を触って、しばらく店内を回遊するはずです。

しかし、店内を見渡して、すぐに店を出てしまうお客様の心理は、「この店の感じはもうわかった。ほしいものがないから帰ろう」「この店は自分には関係がないなぁ」というような心理だと考えられます。だから店をグルッと見渡しただけで、すぐに帰ってしまうのです。

つまりは、店のコンセプトや魅力が、お客様にまったく伝わっていないということです。

さらに言えば、店頭で興味を持たせて、入店させているだけに、お客様の気持ちを裏切って、がっかりさせてしまったということにすらなってしまいます。

では、お客様をがっかりさせないように、店のコンセプトや魅力を伝えるにはどうすればいいのでしょうか？

お客様は、商品や雰囲気をすべて見せてしまうと、「もう全部見た、この店はこんな感じの店だね」と決めてつけてしまいがちです。

お客様にそう思わせないためには、お客様が店内をグルッと見て、ある程度の店のコンセプトやこだわりを見せながらも、細かい部分はあえて見せないようにすることも大切です。

つまり、〝ネタバレしすぎないように、目に入る程度にチラ見せをする〟わけです。

入口は入店を促すために広く面積を取り、奥に行くほど少し入り組んだ作りにすることが有効です。

そうすると、「今この棚の表は見たけど、裏面は見ていない。裏面にはどんな商品があるんだろう？　ちょっと見てみよう」という心理になるわけです。

人間は、答えをたしかめたい生き物です。実はそこにこそ、チャンスが潜んでいるのです。

ここで、注意点があります。

このやり方は、扱っている商品に応じてやり方を変えなければならないということです。

たとえば、コンビニエンスストアの場合です。

コンビニエンスストアに行くときに、何の目的も持たず、〝何かいいものはないかな？掘り出し物があったら買ってみよう！〟という気持ちで行く人はほとんどいないと思います。

ほとんどの人は、「これがほしい。コンビニなら売っているはずだ。じゃあ、あそこのコンビニに行こう」とか、「ちょっと喉が渇いたから、缶コーヒーを買いに行こう」という明確な目的を持って、メーカーや種類は店内で選ぶとしても、缶コーヒーを買うという、その商品を念頭に買いに行きます。

つまり、あなたの店が指名買いをするような店ならば、コンビニのように、わかりやすくコーナーを作って、買いやすいように店内の陳列棚を配置し、買いやすいように演出をする必要があります。

しかし、例外があります。

それが、高級ブランド商品、またはジュエリーショップです。

高級店は高級店らしい、凛とした整理された非日常感でのラグジュアリー空間も買い物と同時に提供するといった印象を持たせることが必要です。

また、ジュエリー店においては、高級品ながら、ブランドショップと違い、接客が多く入るタイプの店になるため、入店してすぐに、安心して店内をグルッと見渡せる開放的な安心感があるほうが、高級品店に入店する心理的ハードルは下がります。

それとは逆に、店内を徹底的に見づらくすることで回遊時間を増やし、気がつけばたくさん買い物をしてしまう店があります。それが雑貨の部類です。

たとえば、とくに小物をメインとする雑貨店の場合、通路を迷路のように張り巡らせることによって、歩く速度が遅くなるように演出しています。ゆっくり歩くことで、店内に設置してあるPOPや商品に目を向けてもらうことができるようになります。

また、通路の幅を広くした後に急に狭くすると、そこで立ち止まりやすくなります。

つまり、その先で一番売りたい商品をＰＯＰとともに陳列するコーナーを作っておけば、入店したお客様に、効率よく自然にその商品を見てもらうことができます。

迷路のように通路を張り巡らせておくと、店内を見て歩くことが宝探しのようなワクワク感を持って、見ていない売場がないか入念に回遊するお客様が多くなります。

そして、店内を回遊しているお客様は回遊時間が増えれば増えるほど、店に対して親近感や信頼感が湧き、商品の購入につながりやすくなります。

これを体現化しているのが、「ドン・キホーテ」や「ヴィレッジヴァンガード」という雑貨店です。

つまり、あなたが扱っている商品によって、店内での仕掛けをきっちりしておくと回遊時間が長くなり、お客様の商品購入率を上げることができるということです。

4 お得感を最前線に出して入店を促す方法

（顧客に合わせた入店のハードルの取り除き方）

入店のきっかけは、入口での匂いや視覚に訴える商品、ＰＯＰ、立て看板の効果がとても高いものです。さらに店頭の雰囲気づくりで、顧客の購買心理と入店のきっかけを高めることができます。

とくに、店の入口のドアから中が見えない店の場合は、入店するに当たって、店内の雰囲気が見えないと、「買わないと出られないのではないか?」、「店内に入って、しつこく接客されたらどうしよう?」「中の様子が見えないと、入るのがちょっと怖い」という不安に駆られます。やはり、店内の様子や雰囲気がわからないとなかなか店内に踏み込めません。つまり、お客様は店側の人間が思っているよりも、ずっと警戒心が強く、臆病だということです。そのお客様の心理状況を知っているか知らないかで、今後店頭で集客するための演出はまったく違ったものになります。

そこで考えるべきことは、お客様の特徴である、警戒心と恐怖感を店頭で払拭することができれば、入店を邪魔するものはなくなるということです。どうすれば、お客様が安心して店内に入りたいと思える雰囲気を店頭で作り上げることができるか、が最大のポイントになるのです。

その入店に際しての心理的ハードルを下げる方法が2つあります。

ひとつ目は、お得感を最前線に出してアピールする方法です。お得感やセール感というものは、ふだんの状況とは違い、警戒心や入店に際する恐怖感を外しやすいのです。なぜなら、ふだんよりも安いということで、警戒心や恐怖心を上回る期待感が心を満たすことになるからです。

では、どのようにそのお得感やセール感を演出すればいいのでしょうか？　たとえば、「全品30％ＯＦＦ」という表示よりも、「数量限定特別商品20％ＯＦＦ」というような限定感のほうが効果は高くなります。さらに、客層によってもその表示の効果は変わってきます。

たとえば、50代以上のお客様が多い場合、50％ＯＦＦよりも、半額という記載のほうが効果的に訴求することができます。今まで育ってきた安値の価値観に合わせて訴求することが大切です。

2つ目が店のこだわり、いわゆる強みをしっかりとアピールすることです。自分の店が、他にない商品やサービスで自慢できるところを店頭でしっかりアピールすることで、お客様にとっては他の店以上に入店するだけの十分な根拠になり、期待感になるのです。

次ページの質問に答えてみてください。

強み発見シート

1　あなたの店が競合店に勝っているところは？

2　あなたの店が競合店に負けているところは？

3　あなたの店にお客様が来ている理由は？

4　あなたの店に来るお客様の悩みは？

5　あなたの店に来るお客様から言われたお褒めの言葉は？

6　あなたの業界で解決できないお客様の悩みは？

7　あなたの業界の常識だけど、お客様に提供できないものは？

5 問いかけ、振り向かせ、入店させよう

立て看板のつくり方

入店を促す上で、店頭の商品の魅せ方が重要であることはおわかりいただけたと思います。

では、その店頭に設置するＰＯＰや立て看板にどんな文言を書けば、お客様が気づいて、「入店してみよう！」と思ってくれるのでしょう。本項では、そんな立て看板に書くべき文言をお伝えしていきたいと思います。

まず、立て看板には見てほしい顧客対象を明確に表示することが大切です。対象客が誰でもいいということでは、立て看板を見た通行客は自分に対してのメッセージだと気がつかず、ピンと来ないので立て看板をよく見てくれないでしょう。

立て看板に書くべき項目は、

①顧客対象
②どんな悩みがあるか
③その悩みがどのように解消されるか
④その商品、及びサービスがどのようなものであるか

⑤価格
⑥限定性（特別感）
⑦行動の促し
⑧その商品を手にしたときの感覚がリアルに想像できる写真

①顧客対象では、その対象の年齢や身長、歩く速度を見越して、立て看板の向き、高さ、文字の大きさを工夫する必要があります。
②その悩みが緊急であるほど、この文言の効果はパワフルになります。
③その悩みが解消されたときに得られる効果を明記します。
④その商品やサービスを受ける手順。具体的なサービスの流れが書いてあると、安心して入店することができます。
⑤価格がわからないと、入店して実際にいくらの料金を支払わなければならないかがわからないので、価格を明記して安心して入店できるようにします。
⑥数量、期間限定性を出すことで、通行客は今ここで購入しなければいけないという緊急性を持ち、行動を促すことができます。
⑦その立て看板を見たときに、どんな行動をしてほしいのか？

立て看板に書き込む項目

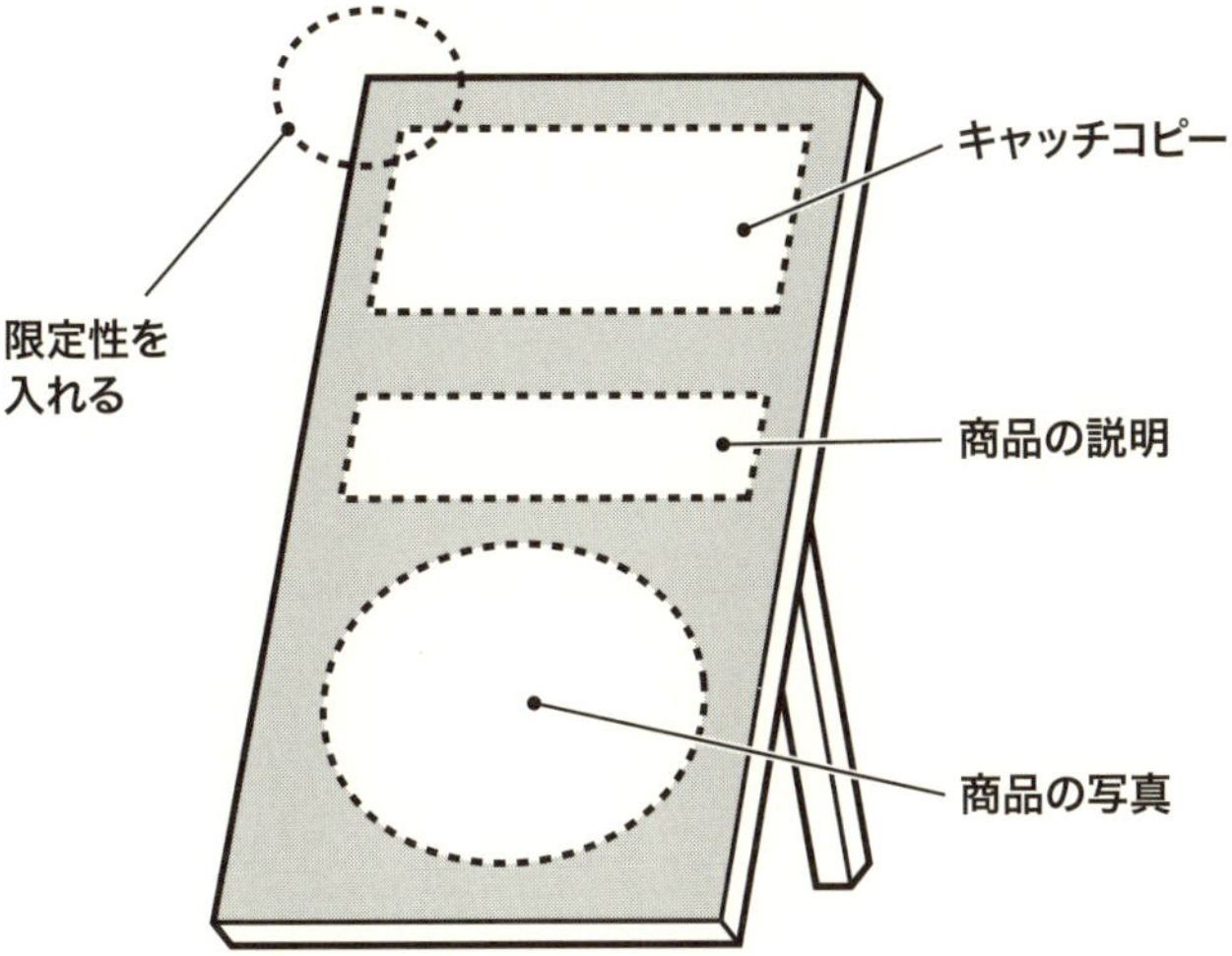

電話で問い合わせをしてほしいのか？　すぐに入店してほしいのか？　すぐに購入してほしいのか？　予約をしてほしいのか？

通行客に、その立て看板を見てどんな行動をしてほしいのか、がすぐにわかるように明記しておくことが大切です。

⑧その商品を手にしたときの具体的な使い方、食べ方、食感、見た目を文字でなく、写真やイラストで記載することで、商品についてのリアルな情報を得ることができ、行動に移しやすくなります。

3章

一気に〝買上げ〟を増やすレイアウトづくり

1 見やすさと違和感のギャップで買上げの魅力を作ろう

店頭から入店してくれたら、その次に大切なことは、そのお客様に店内をできるだけ長く回遊してもらうことです。長く回遊してもらうことで、店の魅力を最大限に知ってもらうことができ、いろいろな商品を見て触れて、商品と店のコンセプトやストーリーに共感してもらうことができるようになります。そして共感してもらうために、大切な店内レイアウト方法が2つあります。

ひとつ目は、店のコンセプトを、来てほしい顧客層にわかりやすく見せることです。その対象のお客様が陳列を見て、自分のための店、自分の好きな雰囲気だと感じてもらうように演出しなければなりません。

たとえば、壁の色、陳列台の形、色などのひとつひとつが店のコンセプトに合ったものにしておくことが大切です。少しでもコンセプトに外れているものがあると､そこに目が行き、せっかく作ったコンセプトの統一感がなくなってしまいます。

壁面や陳列台に商品がデコレーションされるので、思わずワクワクする、期待感を煽るような陳列方法も必要になります。社内の決まりがあるから陳列台が変えられない店もあるのでしょう。もちろん、それでも問題はありません。

そのような場合は、一番来てほしいに顧客層が好む色使いや柄の布を陳列台に引くだけでも雰囲気はガラリと変わります。

店の顔となる店頭の陳列に関しては、店のコンセプトがもっとも明確にわかるようにしておくことが大切です。

ブランドのテイスト感を大切にしたい場合は、商品の価格を値下げしない、セール以外のときにはボリュームを少なめにして、商品一つひとつを浮き立たせ、店のコンセプトを明確にし、その時期の一番のオススメや売りたいものをわかりやすく見せることが大切です。

コンセプトがはっきりしないと、店に来るお客様は混乱してしまいます。その混乱とは、店にどんな商品があるのか、自分に合う商品があるのかがわかりづらいということです。

そして、その時期の店の売りたい商品が明確になっていないと、コンセプトがはっきりしない店と同様に、何を目的に入店するかがはっきりしないため、入店しづらく、入店しても自分のほしい商品やアイテムを探すきっかけを作れなくなってしまい、結果的にウインドウショッピング状態になってしまいます。入店してからも商品を見る視点が定まらず、商品を手に取る速度や判断が鈍くなってしまいます。つまり、購入につながりづらくなってしまうということです。

このような状態になると、お客様は「あの店はいつ行ってもほしいものがないから、あの店にはもう行かない」と、自然と足が遠のいてしまいます。

さらに悪いことに、そこで一所懸命接客をしようと頑張っているスタッフたちは、どれだけお客様のことを考え、一所懸命商品を説明しても、お客様がほしくなるほどの商品がなく、買いたくても買うことができないため、接客が水の泡になってしまいます。

そして、「頑張って売らなければいけない！」という意識が高く真面目なスタッフほど、辛い結果が待っています。頑張っているのにもかかわらず、お客様になかなか購入してもらえないためにモチベーションが下がってしまい、いつもはできているはずの笑顔が出ないようになり、お客様との距離がますます開いてしまい、さらに購入してもらえなくなり、接客に自信をなくしてしまいます。

そうすると、店の売上げは下がる一方になり、つい強引な販売をしてしまうスタッフが出てきてしまいます。そこまでくれば、結末は悲劇しか残っていません。最終的に顧客がどんどん離れ、店は閉店の一途をたどることになるのです。

「たかが、店のコンセプトや売りたい商品が明確になっていないだけで、そこまでならないだろう⁉　大げさなんだよ‼」とあなたは思うかもしれませんが、実はコンセプトや売りたい商品が明確になっていないというだけで、競合店との差別化ができず、顧客が店を選ぶ判断基準が価格になってしまい、価格競争に巻き込まれ、下げなくてもよい価格を下げることにより、売上げと利益が下がり、閉店に追い込まれる店が多いことがコンセプトが大切だという理由です。開店してから約35％の店が、3年以内で閉店してしまう理由は実はこんなところにも隠れているのです。

そうならないようにするためには、店のコンセプトと、売りたい商品をしっかり対象顧客にわかってもらえるように陳列することが大切なのです。

もし、あなたの店の売上げが下がっているとしたら、ぜひコンセプトや店の今、売りたい商品がお客様にとってわかりやすいかどうかを確認してみるべきです。

もし、自分でわからないとなれば、来てほしい顧客層とできるだけ近い対象で、ふだん店に来てくれているお客様に聞いてみましょう。店のコンセプトがわかりやすいか、店の売りたい商品がわかりやすいかどうかを聞いてみるのです。答えは、お客様の中にあるということです。

では、店で考える、今売りたい商品はどう作ればいいのでしょうか？

その季節のイベント、お客様が不満、不安に思うことを解消できる商品を用意しておくことが必要です。その季節での不満や不安を解消してくれる商品をわかりやすく打ち出すことで、お客様は何を買えばいいのかがはっきりわかり、この店には何を目的に入店すればいいのかがわかるのです。つまり、お客様のふだんのニーズと、季節や話題になっていることにアンテナを張って観察しておくことが大切です。

2つ目が、今まで常識、当たり前に思っていることに対して、ギャップを作るという方法です。

少し危険な考えに思えるかもしれませんが、実はこの視点を持っているかいないかで、顧客に支持される〝支持の大きさ〟が大幅に変わってきます。

人間は、当たり前のことや常識にとらわれてしまいがちです。たとえ、それがとても不便、不満であったとしてもです。

私が以前勤務していたメガネ店でも、そんな事例がありました。

今まで度数の入ったサングラスを作成する場合、車を運転しているときにトンネルに入ってしまうと、真っ暗になって見えなくなってしまうという不便さがありました。暗い場所に入ると色が薄くなるレンズもありますが、瞬間的に色が薄くなって見えやすくなるわけではないため、とても危険な状態になります。しかし、メガネを外すわけにはいきません。だから、運転するときにはいつも透明なレンズのメガネとレンズの色が濃いサングラスの2本を用意しておかなければならない。そんな不便がありました。

そこで、「急にトンネルに入っても安心、安全なメガネあります！」という文言を打ち出すだけで、今まで当たり前に思っていた不便や不満に悩まされていたことに初めて気がつくようになります。実際に、その不便さを解消する商品をお客様にご提案しました。

当然、お客様の店への信頼感と商品に対しての期待感はとても強くなり、そのお客様はその後、常連客になりました。

今までは不便や不満が当たり前で、それにすら気がつかなかったことに、初めて気づくことによる感動はとても心を動かすものです。

人間はそのギャップに弱く、反応が大きいものです。つまり、そのギャップを見つけ出し、提示することができれば、その場での買上率が一気に上がり、あなたの店以外で買う理由はなくなるのです。

2 トータルコーディネイトで便利感を促し、まとめ買いしたくなる〝買う気〟促進陳列

店頭からの入店客が増えてきたら、次にやるべきことがあります。

それは、商品を単体で目立たせるだけでなく、トータルで見せることによって、ひとつのアイテムをさらに魅力的に見せ、そのトータルで陳列しているすべての商品が浮き立って見

えるような陳列をするということです。

陳列は、お客様が見やすいように、種類がわかりやすいようにアイテムやテイストごとに整理整頓して陳列することが大切だと思うでしょう。

たしかに、それも一理あります。しかし、その商品の陳列場所をあえて変えたりずらすことで、その商品の一角を大きく目立たせて購入意欲を促すことができるのです。

たとえば、あなたが食品スーパーに買い物に行ったと想像してみましょう。肉のコーナーを思い浮かべてください。

おそらく、いろいろな肉が揃えてあり、綺麗に陳列されていることでしょう。しかし、肉以外はほとんど陳列されていないでしょう。今日の献立に悩んでいる主婦が来店し、肉コーナーに来たときに、その場で肉以外のものも一緒に買おうと何人が思うでしょうか？　かなり少ないと思いませんか？

もし、今日はカレー用の肉がオススメだとしたら、「カレー用肉がオススメ！」と書いて陳列することはあるでしょう。しかし、それだけでは購入意欲を湧かせるには、少しインパクトが弱いのです。

そこで、その肉のコーナーにカレーの具材として一緒に使う人参や玉ねぎなどをまとめて陳列し、

〝今日の晩御飯は家族揃ってカレーだ！〟〝今日のカレーをおいしくする肉はこれだ！〟というようなキャッチコピーとカレーライスの写真をつけたＰＯＰを設置しておくことで、肉の買上率は格段に上がるし、それと同時に一緒に陳列してある人参や玉ねぎの買上率も一気に上がります。

もし、そこに野菜が一緒に陳列されていなければ、肉コーナーからまた野菜コーナーに戻って、さらに他の食材を買いにぐるぐる店内を回ることになるし、時間のロスになります。この状況での店内の回遊はマイナスの回遊なので、店内を見る目が必要なものしか買わないという焦りの目になってしまいます。

まとめて陳列してある商品を買い物かごに一回で入れて買い物をすませてしまうほうがはるかに効率的だし、圧倒的に便利です。つまり、買いやすさを後押しすることが、顧客の信頼度を高めるということなのです。

また、洋服店でジャケットだけを単体で陳列しているということは少ないでしょう。それは、ひとつの商品を他の商品と組み合わせることで、その商品自体が際立ち、一緒に陳列した商品も同時に魅力的に見せることができるからです。そうしてトータルに見せることによって、店のコンセプトがわかりやすくなるし、店が売りたいものをはっきりさせることができます。

ひとつの商品だけでなく、トータルで陳列することによって、顧客はその商品に何が合うかをいちいち探さなくてもすむと同時に新しい発見ができ、その店に行く楽しさと便利さが生まれるのです。

また、携帯ショップでもそうでしょう。

たとえば、スマートフォンを販売しているコーナーにケースを一緒に陳列するだけで、そのケースをつけて自分が持ち歩いているシーンを、顧客は想像することができます。ただ単に一緒に陳列するという場所的な問題ではなく、そこでお客様がその商品を購入して実際に使っているところをリアルに想像できるようにわかりやすく演出してあげることが大切です。

トータルで陳列するメリットはまだまだあります。

使い方が、一目ではよくわからない商品に関しては、その商品の使い方を一から写真で見せることによって、顧客はその商品の使い方を簡単に理解することができ、その商品を購入する不安感を減らすことができます。

その商品をさらに便利に使うことができるアイテムを一緒に入れ込むことによって、オプションとしてその付随商品を買うのではなく、〝その商品を一緒に買うことが当たり前〟、〝一緒に買うことで、その商品がきちんと機能を発揮できる〟、〝一緒に使うからこそ便利なのだ〟とアピールできます。トータルで陳列することで、イヤミなく押し付けがましくなく、顧客にその商品をオススメすることができるのです。

それにより、お客様は自分の意思で付随商品も一緒に快適に買い物をすることができます。この状態だと、スタッフがお客様に声をかけられたとしても、説明が売り込みにならず、質問に答えるというコミュニケーションになるため、説明が苦手なスタッフでも非常に接客しやすい状況になります。

それができると、競合店との差別化ができるし、店頭で見て、その商品をインターネットで調べて買うという、〝ショールーミング〟というような現象を減らすことができるようになります。

今、顧客が何を考え、何に困っているかをリサーチし、それをトータルで見せてあげること。どうすれば〝便利かつ快適に商品を使うことができるか〟、〝手間なく買い物ができるか〟を知ったうえで、そこに対してトータルで提案して見せてあげることが、いかに購入率と買い上げ点数を増やすことになるかは一目瞭然です。

その店でまとめ買いするということには、さらによい効果があります。お客様はその店に対して信頼感がなければまとめ買いはしません、いや、できないという表現のほうが正しいでしょう。一回でも複数の買い物をしてもらうことによって、その店で複数の買い物をすることに対するハードルを一気に下げることができるのです。

つまり、あなたの店で一気にまとめて買い物をする癖づけになるのです。たかが、トータルで陳列するだけで、将来〝ひいき〟にしてくれる顧客を作る関係づくりにつながることになるのです。

3 接客を不要にするPOPで購入金額を増やす方法

あなたはPOPに対してどんなイメージを持っているでしょうか？　POPは商品よりも目立ってはいけない、POPが大きすぎると商品が目立たなくなる、POPは脇役だというように思っていないでしょうか？

たしかに、それもある意味では間違いではありません。しかし、その考えはPOPに対する過小評価かもしれませんし、常識にとらわれた、もったいないPOPの使い方になっているかもしれません。

なぜなら、人間は陳列された商品だけに食いつくものではないということは、あなたも知っていることでしょう。

では、ＰＯＰの効果とはいったい何でしょうか？

ＰＯＰには大きく2つの効果があります。ひとつ目は、イメージ戦略としてのＰＯＰの使い方です。

小物などの商品においては、ＰＯＰでどれだけ目立たせて、その商品のイメージをアピールできるかが、顧客の興味を惹く重要なポイントになります。

よく考えてみると、小物や雑貨は商品が小さいため、その商品単体だけでアピールして顧客を惹きつけるのは難しいのです。

そこで、その小さくて目立ちにくい商品をより魅力的に、かつ効果的に顧客にアピールしてくれるのがＰＯＰの大きな役割なのです。

あなたは、今までにこんな経験をしたことはありませんか？　店頭に置いてあるＰＯＰを見て店内に入って、気がつくとそのＰＯＰの商品を買ってしまっていたという経験が。

実は、このような経験をしている人はとても多いのです。とくに女性は、感性の生き物と言われるように、美的センスや感覚的センスがとても豊かです。その女性からすれば、商品そのものに対しての魅力で商品を買うだけでなく、ＰＯＰの可愛さ、ＰＯＰによるイメージや雰囲気でその商品に対する興味を強くし、購入に至ることが多々あります。

とくに、洋服店では芸能人やタレント、モデルがイメージになっているＰＯＰが店頭に設置してあることが多いのです。それは、その商品が魅力的に見えるのはもちろんのこと、その店の商品全体を魅力的に見せる効果があります。ここからもＰＯＰによるイメージ効果の高さが、おわかりいただけるのではないでしょうか？

そして、２つ目は文字を読ませることによって、接客を不要にするのがＰＯＰの効果です。お客様に文字を読んでもらうという行為は、なかなかハードルが高いように感じるでしょう。しかし、顧客に文字を読んでもらえるための仕掛けを作ることは意外に難しいことではありません。その方法は、読ませる場所、読みやすい文字の大きさ、読みやすい設置位置の３つです。

読ませる場所というのは、顧客が店内に入り、スピードを下げなければ通りづらい場所、とくに通路の行き止まりや通路の端や角のように通りづらい場所に設置することが効果的なのです。

ただし、ＰＯＰを設置する場所が、その商品をアピールするべき場所としっかりマッチングしていることが大切です。そこで消費者が説明を読みたいと思い、ゆっくり安心して読める場所、たとえば、少し閉鎖的な空間をあえて作ることで、そのＰＯＰに安心して目を向けて、意図的にそのＰＯＰを読んでもらいやすい空間を演出することが必要です。

2つ目は、読みやすい文字の大きさです。文字を読ませるという行為はよく考えてみると、よほど興味がなければ読んではもらえないものです。そこをあえて読ませようとするのですから、それなりの文字を用意する必要があります。離れたところから、顧客を連れてきて、その文字を読んでもらうためには、読みやすい文字の大きさと色使い、文言が必要です。

これらをまとめると、顧客の購入意欲が湧くようなキャッチコピーと、それが読めるだけの文字の大きさが絶対条件です。さらに、色使いでまず視線を奪う必要があります。周りの陳列棚、壁の色、商品の色に紛れないように色を差別化して、そのPOP自体がまず顧客の目を奪ってくれるようにします。

そして、対象顧客による注意も必要です。それが、文字の大きさや色の使い方です。なぜなら、10～40代までの顧客を対象にするのと、50代以上の顧客を対象にするのとでは、見せる文字の大きさと色合いはまったく考え方が変わるからです。

40代までの顧客であれば、注目度が低いのであまりオススメはしませんが、淡い色で少し小さめの文字の大きさでも、何とか見てもらうことはできるでしょう。しかし、50代以上の顧客に関してはそうはいきません。というのは、50代という年代ではいわゆる老眼という現象が多くのお客様に起こります。老眼鏡なしで、文字を見ることに対して煩わしいと感じてしまうのです。

そうならないためには、読むのが面倒でない文字の大きさ、かつ快適に見える文字でなければいけないということなのです。さらに、人間の目は35歳ぐらいから色の見分け機能が鈍くなってきます。これはとても大切な視点です。その色の見分け機能が鈍くなるのが、60歳代になるとさらに拍車がかかります。つまり、文字の大きさだけでは、効果が薄くなってしまうことがあるということなのです。

はっきり見ることができる原色系で、コントラストがはっきり見えるような色の配置のＰＯＰにしなければ、そのＰＯＰの存在にすら気がついてもらえないということなのです。せっかくすばらしい文言やキャッチコピーが書かれているＰＯＰでも、見てもらえないと宝の持ち腐れになります。

３つ目は、見やすいＰＯＰの高さです。

ＰＯＰや商品を見てもらいやすい位置というものが存在します。その高さとは、どのくらいの高さの位置だと思われるでしょうか？

見てもらいやすい高さとは、目線を水平にしたときの高さから、腰ぐらいまでの高さです。この高さの範囲は〝ゴールデンゾーン〟と呼ばれています。もっとも顧客の視界に入りやすく、もっとも手に取りやすい高さになります。

このゴールデンゾーンにPOPを設置することで、顧客に対してPOPそのものの存在をはっきり認識させることができ、そのPOPに書いてある文言やキャッチコピーを読んでもらいやすくする効果があります。

ここで、注意したい点があります。それは、自分の店に来ているお客様が男性か女性かによって、高さを変える必要があるということです。もっと言えば、顧客の年代によってもPOPの向きや高さを変えて、しっかり視野に入るように設置することが大切です。

4 魅力ある商品構成で買上率を上げる方法

あなたは、陳列をするときに何を基準にして陳列をしていますか？ 新作だから？ 売れ残っている商品を売り切りたい？ 今までよく売れているから？ スタッフのオススメだから？

もちろん、いずれも間違いではありませんが、この基準を越えるうえで考えるべき大切なことがあります。それが、陳列の場所、陳列数、陳列の仕方に理由と意図を持つということです。

何となく陳列していたのでは、売れるときと売れないときの差が大きくなってしまい、売り逃すという、いわゆる〝機会損失〟という状況が起こってしまいます。そうならないために必要なのが、〝データ〟です。

そのデータとは、〝商品回転率〟と呼ばれるものです。商品回転率とは、以下の公式で求められます。

商品回転率＝期間売上高（売価）÷期首と期末の平均在庫高（売価）

商品回転率とは、一定期間のうちでその仕入れた商品が、どのくらいの数量が売れたのかを調べるものです。

それによって、その商品がどの時期にどのくらい売れて、どのくらいの人気があるのかがわかります。つまり、どの商品をいつどのくらい、どこに陳列すればより販売数が増えるか？という理由がわかります。

たとえば、5色展開されている商品の中で、緑色のアイテムがよく売れているとしましょう。このアイテムは、地域の中で緑の商品がよく売れるという見当がつきます。

そう考えると、その緑色の商品とどの色の他のアイテムを組み合わせればさらに売れるのか、一緒に複数購入してもらえるのかを考えることができます。

さらに、その商品が仕入れてからどのくらいの日数で売り切れるのかがわかれば、仕入れの最小数がわかるし、どのタイミングで次の仕入れをすればいいのかということも自然とわかってしまうという、とても便利な考え方です。

これで、商品をいつ、どこに、どのくらいの数量、どんな陳列方法でアピールすればいいのかがわかります。そして、その商品を引き立て、一緒に陳列することで同時に購入してもらえるアイテムをどの商品にするかも明確になります。しっかりとデータに裏打ちされた理由をもとに導き出された方法なので、自信を持って、仕入れと陳列をすることができるようにもなります。

そのデータを元に考えると、商品がどの客層にどのように支持されているかがわかるため、そのテイストの商品を仕入れるときに、どの客層に訴求すればいいのかもはっきりします。それにより、商品の売り方を絞り込むことができるのです。

その絞り込んだ販売戦略を取ることにより、より深いニーズに応えることができるため、顧客が自分のことをわかってくれていると感じることができ、店に対して共感と信頼感を持つようになります。

それによって、顧客のライフワークや、より深く掘り下げたニーズに合わせることで、最大限まで効果のある方法で陳列することができるようになるというスパイラルに入ることができるのです。

大切なのは、顧客のニーズがどこにあるのかを知っておくことと、陳列場所ひとつにおいても、そこに陳列する理由は何か、その意図が何かをはっきりさせるだけの根拠となるデータが必要です。

そのためには、商品回転率を知っておくことはとても大切です。さらに、商品回転期間というものを組み合わせると、いっそう仕入れがしやすくなります。

商品回転期間とは、その商品が1回売り切れるまでの日数を示します。

商品回転期間＝期間（日数）÷商品回転数

で求めることができます。

これがわかると、その商品が売り切れるまでの日数の目処が立つため、その商品の在庫の持ち数、次の仕入日の予測が立つため、商品の欠品による機会損失が起こりにくくなります。さらに、仕入れに対しても、どのくらいで売れるからこのくらいの数の仕入れで大丈夫だという根拠をはっきりと持つことできるわけです。

つまり、消費期限や賞味期限切れによる廃棄、売れ残って、価格を下げて売り切るというような金額や商品ロスを減らすことができるのです。

商品回転率と商品回転期間を把握するだけで、対象顧客がはっきりし、陳列にも意図ができ、ロスが減るという、一石二鳥以上の考え方なのです。

数字ということで、アレルギーを起こしてしまう方がいるかもしれません。でも大丈夫です。実は私も数字は大の苦手でしたが、何回か使ってみると思ったよりも簡単にできてしまいます。ぜひ、アレルギーを起こさず、試してみてください。

5 シーン別提案陳列で顧客の共感を惹きつけて買上率を増やす方法

商品をその対象客に合わせて陳列をしておくことは、とても大切であることがおわかりいただけたのではないかと思います。たしかにそこで、顧客の興味を惹きつけ、商品を手にとってもらうことは可能です。しかし、そこでもうひと工夫、重要な手法があります。

その手法というのは、顧客が使うであろう使用シーンを明確にすることです。

お客様は、商品自体を見ただけでは簡単に購入してはくれません。商品を購入するには、興味を持った後にもう一度、冷静に本当にその商品が必要なのかを考える傾向があるのです。つまり、対象客に合った商品を陳列していても、必ずしも買上げにはならないということなのです。そこで、顧客が安心して、『こういうのがほしかった、買おう!』と思うような提案を、視覚的に見せる必要があるのです。

その『こういうのがほしかった、買おう!』を引き出すのが、シーン別提案です。

たとえ、同じ商品であったとしても、購入する顧客によって使う場所、使い方は意外とひとつではないことがあります。そこで、その商品が実際のお客様の生活やライフサイクルのシーンでどのように使われるのかをリサーチしておくことが必要になります。

販売側の予測と商品を購入したお客様の使い方は、必ずしも一致しません。だからこそ、顧客がその商品を本当にほしがっている理由と困っているシーンはどこにあるのかを、商品の開発段階や発売段階、そして発売後にもしっかりと情報を集めておくことが重要になるのです。

そのリサーチを怠ってしまうと、本来売れるはずの商品が、顧客の使いたいシーンと合致しないため、顧客のニーズが汲み取れない、販売する店舗側の一人よがりな商品になってしまうことがあるのです。つまり、売れない商品になってしまいます。

あくまで、商品を使うのは顧客だということを念頭に置いておかなければなりません。お客様が使いたいシーンやその商品を使うことで便利になること、気がついていない悩みの解消を視覚的にキャッチコピーや写真、映像で見せて、使っているそのシーンを想像させることがコツです。リサーチした結果を元に、顧客の要望や使用シーンごとにまとめた提案を、店頭でアピールすることが必要なのです。

たとえば、「こんなシーンでお困りのお客様に最適。こんなシーンで悩んでいませんか？その悩みは、この商品で解決できるかもしれません」というように、その商品やＰＯＰを見た顧客がふだんの自分の生活を思い出して、この商品が自分の生活の中で使えるところはないかを考えられるような提案が必要です。

ただ単に、悩みを掘り出すだけでなく、悩みのないところからでも、この商品を使えばこんなに便利なことがあるという、商品を購入するための正当な理由を店側でお客様に訴えることができるように準備しておかなければなりません。

商品を購入する、つまりお金を使うことに抵抗感を持ったり、お金を使うことに罪悪感を持ってしまう顧客もいます。しかし、本心ではお客様は商品を購入する、買い物を楽しみたいという物欲はあるのです。お金を使うことで、得られるステイタスや喜びを得たいと思っています。その物欲は多少の変化はあるものの、人間である以上なくなることは決してありません。

そう考えると、顧客が商品を買うだけの正当な理由をしっかり訴えてあげることによって、お金を使うことに対する抵抗感や罪悪感を持たなくてすむのです。そのためには、本来この商品は持っていて当たり前、むしろ持っていないほうがおかしいのだという感覚を持たせることが必要です。その商品を持っていないのは自分だけ？　もしかしたら、その商品を持っていない自分は損をしているのではないか？　という心理にする必要があるのです。

そして、人間が根本的に持っているのは、「特別扱いをしてほしいし、誰よりも損をしたくない」という深層心理です。

それこそが、顧客が商品を購入する理由のひとつなのです。

だから、店頭から店内に入るほんのわずかの間に、その深層心理をくすぐることが大切なのです。

まとめると、入店してわずかな間に本来顧客が持っている買い物をしたいという物欲感を満たすだけのリアルな使用シーンを、わかりやすくかつシンプルに伝える必要があるということです。

その顧客の、「買いたい」という心理を最大限に引き上げるのが、シーン別に提案するという方法です。

それによって顧客は、「自分にはこの商品がこういう場所で、こういう使い方で絶対に必要だ。だから私は、この商品を今ここで購入しなければならない」という心理を自分の中で作り上げてくれます。

その心理を引き出すために、もっとも有効な方法がシーン別提案なのです。

4章

〝あっ、それほしかった！〟を一気に売上げにつなげる接客

1 動きや目線から顧客を観察して、趣味嗜好を探ろう

あなたは、〝接客〟と聞いてどんなイメージを持ちますか？

お客様をおもてなしするという印象でしょうか？

みなさん、それぞれに考え方は違うと思いますが、私は「通行人を顧客に変えて、一生付き合ってくれるいわゆる生涯顧客にするための関係づくりの方法」と考えています。

そう考えると、ただ単に商品を売るための手法であってはならないし、お客様の満足度を上げるということのみでもよくないということです。

たしかに、お客様をおもてなしすることはとても大切なことですが、店を経営、存続していくためには、お客様が満足しても何も買わずに帰る接客と、満足して購入してくれる接客とどちらが大切でしょうか？

いくら接客がすばらしくよくても、売上げが上がらなければ、いずれ店は存続できなくなってしまいます。そう考えると、お客様が満足しながら、買い物をしてくれることが最低条件になります。

お客様がこの店に何度でも来たい、この人から買いたい、他の店に行きたくないと思って

くれることが最高の接客ではないでしょうか？　そのためには、〝売場〟という〝現場〟でいったい何をすればいいのでしょうか？　売場でどんなことに気を配り、どんな行動をするのが最高の接客なのでしょうか？

最高の接客をするうえで、売場でやるべきことは、『お客様をよく観察すること』です。もちろん、通行客に対しても同じです。

その観察する内容とは、店のどこを見ているのか？　どの通路から入ってきたのか？　どんな表情で入店して来ているのか？　ということです。

それがわかると、お客様が店頭の何に興味を持って入店して来たかがわかります。それは、接客をするうえでの大きな情報になります。

まったく何も情報のない状態でお客様に話かけるのは、とてもリスクが高いものです。リスクがないように話かけるとなると、差しさわりのない話しかけ方になってしまいます。

ここで言うリスクとは、情報がないとお客様がまったく望んでいない情報を押し付けてしまうことになりかねないし、お客様が嫌いな商品をお勧めしてしまうこともあり得るということです。

お客様は、一度自分が嫌いなものを勧められると、せっかく買い物をしようと思っていたモチベーションが下がってしまいます。そうなると、それをリカバリーするのは難しいのです。

当然、そんな接客は誰もしたくはありません。そこでオススメしたい観察ポイントが、「表情」と「身に付けているモノ」の観察です。

たとえば、靴屋であれば、お客様がどんな靴を履いているのかは最低限観察するのではないでしょうか？　靴を観察する理由は、自分がこれから販売するうえでオススメしたい商品だからですよね？　しかし、観察するのは本当にそこだけでいいのか？　ということです。

店の中でよく販売しているスタッフは、それだけではないはずです。

そのお客様が着ているジャケットやパンツ、カバン、髪型などをトータルに見て、そのお客様の生活スタイルを想像して、ふだんどんな生活をしていて、どんなところに行くのか？　誰と会うのか？　を想像して、その場に合わせた商品を提案しているはずです。

私が眼鏡店で勤務していたときは、靴からパンツ、上着、髪型、もちろんメガネを観察していました。とくに、単価の高い商品であるメガネは生活必需品であるだけでなく、ファッションアイテムにもなります。メガネが似合っているかどうか、どんなメガネをしているかで、センス自体が問われる商品なのです。

人と会って最初に見るところは顔だし、挨拶するときには相手の目を見るので、一番に見られる物だから、よけいに観察が必要でした。もちろん、だからこそ接客しだいではお客様に関心を持ってもらいやすいのです。「メガネははっきり見えたらそれだけでいい。デザインなんてどうでもいい」というお客様も、もちろんいらっしゃいます。そこはお客様の価値観だから、そこを否定するつもりはありません。しかし、その価値観を見極めることは必要です。

観察していくうえで、そこを気にかけるお客様かどうか、実は簡単に見分ける方法を見つけました。

それは、どんな時計をしているのかを観察することです。

メガネは、半分ファッションアイテムですが、半分は医療品という割合の商品です。

それと時計とどう共通するのかというと……。時計も、時間がわかればそれでいいわけですよね？

同じように、メガネもよく見ることができれば、それでいいわけです。

しかし、時計にお金をかけているということは、このお客様は嗜好品に対しての価値観に高い意識を持っていると想像することができます。

ということは、どのくらいの商品から見せるのがよいのか？　というファーストアプローチが変わってきます。時計をしていないから、安い時計をしているから差別するとか、安い商品しか買わないと断定するのはもちろんよくありませんが、ある程度お客様の懐事情を想像できるかどうかは、接客する販売員の匂いの嗅ぎ分けの能力と言えるということです。

観察をするのは、そのお客様がどんな色やテイストがほしいのかをリサーチするためであるのは当たり前ですが、どのくらいの単価の商品をオススメするのかを判断するのもとても大切なことです。

予算が2万円のお客様にいきなり10万円の商品をオススメしたら、それを気に入っていただいて購入に至る場合もありますが、お客様によっては、「この店は高い」、「自分には合わない」、「高いものを売りつけられる」と購買意欲を失ってしまうこともたしかです。実際、私も新入社員時代にそのような失敗をしてお客様を帰してしまった経験があります。

だから、ある程度のお客様の値段に対する価値観を知っておいたほうが、お客様へのファーストコンタクトが取りやすく、お客様にも的外れな提案をしなくてもすみます。接客がスムーズに進み、お客様に買い物を楽しんでいただき、スタッフ自身も楽しく接客できるようになるほうがお互いにいいことです。

2 気づいていないニーズを引き出し、〝買う気〟を誘導しよう

先の項では、接客では『お客様をよく観察すること』が大切だというお話をしました。お客様がほしい色やテイストがわかるということ、そして価格に対する価値観を見つけ出すことができて、スムーズに接客に入りやすいというメリットがあるからです。この方法を使えば、店に来てくれたお客様の買上率を上げることはたしかに可能です。しかし、まだこの接客では、そのお客様を店の固定客にできないのです。

店としては、一見客をどうやって生涯来てくれるお客様にするかが最大のポイントです。昨今では、店は飽和状態だし、さらにインターネットショッピングが実店舗のシェアを奪っている状況だから、なおさら、せっかく店に来てくれて、商品を購入してくれたお客様をそのままで終わらせてしまうのはあまりにももったいない。

この先、生涯ずっと来てくれるお客様にするためには、普通に販売をしてもダメだということです。

もちろん、アフターDMなどで購入後のサポートを手厚くするということは当然ですが、スタッフとお客様が初めて会って、購入に至ったというのはある種の出会いの場ですから、

印象は強く記憶に残るものです。そこでどれだけ強力なインパクトを残しておけるかが大切なポイントです。その強烈なインパクトを残すためには、接客スタッフはお客様にとって、ある種超能力者であるべきなのです。こんなことを書くと、ちょっと怪しい印象を受けるかもしれませんが、実はそうでもありません。

なぜならば、お客様は行動の中からいろいろな情報を出しています。その行動からいち早くその心理を読み取り、心に浮かんでいる商品や見ている商品の説明をするだけでいいのです。その答えが合っていれば、お客様はこんなふうに思うでしょう。

「えっ！　何でこれがほしいってことがわかったの？　すごい！」、「そんないいものがあったの⁉　知らなかった！」

もし、間違ってしまっても問題はありません。人間は少しのズレの間違いなら正したくなる動物ですから。

しかし、まったくかけ離れた答えを言ってしまうと、嫌な顔をされてそれ以上話をしたくないと思われてしまいます。

お客様の目的は、その商品を手にすることによって、どんなことを実現したいのか、夜も眠れないほど困っていることを解決することです。

お客様は誰でも、人から勧められて買わされたとは思いたくありません。できるだけ、自分で選びたいものです。もし気に入らなかったら、後悔するのが嫌だからです。きっと、あなた自身もそうなのではないでしょうか？

しかし、お客様が本当に困っていることにフォーカスして、一緒に悩み、一緒に考え、気がついていない解決策になる商品を親身になって提案してくれると、とてもうれしいものです。

そのためには、お客様がどんなことで不便や悩みに思っているか、どんな情報を教えてあげれば、その不便や悩みが解消されるのかを探りながら、最終的には汲み取ることが必要です。

それを象徴した、こんな例があります。

以前は、駅前の銀行というと駐車場がありませんでした。

しかし、お客様はそのことを当たり前のこととしていました。お客様は駅前の銀行だから駐車場はなくて当たり前だと思っていました。しかし、そこに目をつけた企業がありました。それが時間貸駐車場の〝タイムズ〟です。

タイムズが、駅前の銀行の横に駐車場を作ったことで、お客様の不便が解消しました。駐車場がなかったことで、わざわざ遠くまで車を止めに行かなければなりませんでした。あるいは路上駐車をして、駐車違反の危険を冒してまで、銀行に行かなければならなかったのです。

そんな不便さを、強いられていたことを知ってしまったのです。逆に、その便利さを知ってしまったからには元には戻れません。

お客様は、次回から必ずと言っていいほどその駐車場を利用することになります。

また、私のメガネ店勤務時代にこんな経験があります。

ある女性のお客様から相談を受けました。「買い物をしていて、値札や賞味期限が見えないから、そのままレジに商品を持って行ったら、思っていた値段と違ってびっくりした。でも、後ろに人が並んでいたので仕方なく購入した。買い物をするとき、かけたままで歩ける老眼鏡はないのか？」というお悩みでした。

60歳ぐらいの多くの方は、いわゆる老眼というものになり、近くが見えづらくなってしまいます。

老眼鏡は、近くの文字をよく見えるようにするためのメガネです。

そこで、私は買い物用メガネというものを考えました。

遠くと近くがまんべんなく見える遠近両用メガネというものもありますが、そのメガネは構造上、周辺に歪む部分ができてしまいます。それが慣れない方もいらっしゃいます。

そこで、できるだけ歪みが少なくなるように度数を設定して、お作りさせていただきました。

一見、普通の遠近両用のメガネに見えるのですが、そのお客様にとっては買い物用のメガネとして、とても快適にお使いいただくことができました。


以上の例からもわかるように、私たち店のスタッフが知っている知識はお客様にとって、決して当たり前ではないということなのです。お客様のニーズを汲み取って提案することで、お客様に今まで知らなかった便利さを手に入れていただくことができます。

そうすると、われわれ販売スタッフはその商品をお客様にオススメしなくても、お客様から自然にほしいと言ってもらうことができ、お客様はその商品を満足して買ってくれます。

3 気づいていないニーズから悩みを探ろう

では、お客様の悩みを、具体的にどんな順番で聞いていけばいいのでしょう？

聞く順番がずれたり、順番が狂ってしまうとお客様が本当に心の中で思っている希望と違ったものを提案してしまったり、気づいていないニーズに気づかせることができないまま、話が進んでしまい、結果的にお客様は「ここではほしいモノが見つからない」、「イマイチ買う気がしない」ということで、店に対してあまりよい印象を持てなくなってしまいます。そうなると、そのお客様は店に足を向けづらくなってしまいます。

そうならないために、ここではお客様が商品を購入したくなるために考えるチェックシートで確認をしていきたいと思います。店頭に出る前に、このシートを見直してから接客に入っていただきたいと思います。

ヒアリングシート（その商品を初めて購入する場合）

1　その商品を知ったのはいつですか?

2　その商品のことを何で知りましたか?

3　なぜ、その商品が気になったのですか?

4　その商品が手に入ったら、どんないいことがありますか?

5　その商品がいま手元にない状態で困っていることは何ですか?

ヒアリングシート（その商品と近いものを使っている場合）

1　その商品を知ったのはいつですか?

2　その商品のことを何で知りましたか?

3　なぜ、その商品が気になったのですか?

4　いま使っている商品は、100点満点で言うと何点ですか?

5　足りない点数の理由は何ですか?

---

4 気づかせたニーズから提案しよう

お客様の気がついていないニーズに気づかせ、このうえなくうれしく感動的に商品を買っていただくことはそんなに難しいことではありません。

先の買い物用のメガネを購入いただいたお客様の例でも、お客様の今置かれている状況を順を追ってわかりやすく説明することができればいいのです。

先ほどのお客様の困り事は、〝買い物をするときに値札や賞味期限が見えない〟ということでした。

そこで、他に困っていることはないかを想像し、手に入るメリットとその商品がない今の状況のデメリットの差を説明します。

「見えないまま買い物をしていると、これからも同じことを繰り返して、買い物をすることが楽しくなくなってしまいますね。さらには、予定外の予算になってしまって、思わぬ出費を増やしてしまう可能性があります。そうなると、本来ほしいものを買いたいときに、予算が足らなくなって買えなくなってしまうということが起こってきます。

買い物のときに、手元だけ見える老眼鏡を使うという方法もありますが、老眼鏡というものは近くしか見えないので、そのメガネをかけたまま歩くと、段差につまずいて、転倒する可能性があるし、棚に足をぶつけて怪我をしてしまうことも考えられます。

とは言っても、いちいちカバンやポケットから老眼鏡を出したりしまったりしていると、動きを怪しまれて、万引きと間違われてしまうこともあります。それはよくないですよね？

買い物用のメガネがあると、店内にいる間、いちいちかけたり外したりしなくてもいいので、両手に買い物かごを持っていても、メガネを気にせず、買い物ができるので快適です。

さらに、今までよりも近くがよく見えて野菜や肉の色もはっきり見えるので、鮮度がよくわかります。ふだんの買い物を、もっと楽しんでできるようになりますよ。

という理由で、買い物のときだけ使えるように近くも遠くもある程度見える買い物用メガネはいかがでしょうか？」

こんな説明をします。

この提案では、実はこんな方程式が成立しているのです。

ここで、

現状の困り事の再認識

↓

その困り事が解決しないことによる、さらなる弊害の説明
←
その困り事が解決できたときに得られること
←
商品のオススメ

という流れで説明をすることで、お客様に再度自分の状況を思い出してもらい、このオススメする商品が本当に必要か、その商品があった場合にどのくらい便利なのか、その商品がないことでどのくらい不便なのかを想像してもらうことができます。

それによって、その商品がお客様にとってどれほど大切のものかを認識してもらうことができます。

お客様は、その商品を使っている自分が頭の中で想像できて、その価値を感じない限り、どんなによい商品を勧められても、押しつけにしか感じません。せっかく、お客様のことを一所懸命考えて接客しているのに、押しつけと取られてしまうのはあまりにも悲しいですよね？　そうならないためには、お客様の頭の中で想像しやすくするために、しっかりと情報をお伝えすることが大切です。

私が最も言いたいことは、お客様の知らない情報や知識をお伝えして、お客様に驚きや感動を与えることが、信頼関係を作る一歩になるということです。

その一歩が、ここで商品を買いたい、すばらしい提案をしてくれたこの人から買いたいという購買意欲を促し、もちろん、売り込みなどしなくても、お客様のほうからその商品を売ってほしいと思ってもらうことができるようになります。

そのための方法が、気づかせたニーズから提案するということなのです。

5 顧客に損をさせない提案こそが、店の得につながる

お客様に提案することは、とてもすばらしいことです。しかし、オススメするうえで、ひとつ忘れてはならない大切なことがあります。

それは、あなたのオススメを受け入れて、購入していただいたお客様には絶対に損をさせてはならないということです。

お客様は説明を受けて、頭の中で「その商品は便利で使いやすいだろう。これだけの金額

を払う価値がある」と思って購入してくれるわけです。

では、その商品に不備があったり、万一オススメした商品が使いづらかった場合、どうすればいいのでしょうか？　また、その商品が本当によい商品だとしても、そのお客様の今の状況で本当にオススメするべきものなのか、もしくはもっと先にオススメするべきなのかを考える必要があります。


たとえば、子どもさんが初めて使うメガネを買いに来た例で考えてみましょう（この例は前にも出しましたが、もう少しくわしく考えてみましょう）。

あなたなら、どんなメガネをオススメするでしょうか？　価格が高くても壊れづらい商品を勧めますか？　たしかに壊れづらいと安全なので、オススメするポイントにはなります。しかし、ここでよく考えなければなりません。

ポイントは、初めて使うメガネだということです。初めて使うメガネは、慣れやすいように度数を緩く設定する傾向があります。そのため、度数がある程度早く合わなくなってしまうことがあり得ます。

さらに、子どもさんが初めて使うメガネということで、取り扱いに不慣れで、レンズに傷をつけてしまうこと可能性があります。さらに学校で授業中に使うことが多いはずなので、休み時間に友だちが遊んで、メガネを歪めてしまったり、壊してしまうことも想定できます。また、どこかに置き忘れて、紛失してしまうことも考えられます。

そこまで考えると、価格が高いけれど壊れにくいメガネだけを勧めることは、はたして正解と言えるでしょうか？　もちろん、お客様の価値観によって提案内容を変える必要はあります。

この場合、初めて使うメガネは消耗品と考えて、あえて価格の安いものをオススメするということがベストになる場合もあります。

子どもさんがメガネを壊してしまっても、できるだけ怒られないように、万一紛失してしまっても、親にできるだけ負担をかけないように考えを巡らせ、それをひとつの提案とすることも必要になります。

今回、あえて安いメガネを勧めることで、「この店は親身に考えてくれてとても親切だ。信頼できる」と思ってもらえることができたなら、そのお客様は、次回もまたあなたの店に帰って来てくれるようになります。

そうすると、そのお客様の親や親戚、友人へ口コミをしてくれるようになります。

万一、最初に高い商品をオススメして、その商品が合わなかったり、たとえ不慮のことでもすぐに壊れてしまったとしたら、そのお客様に損をさせてしまったことになります。お客様に、損をさせるリスクを負わせてはならないということなのです。

正直なところ、購入していただいたお客様に聞かなければ、本当に満足してその金額を支払った以上の価値を感じていただいているか、わからないこともあるでしょう。

お叱りやクレームを言っていただけるお客様は、再度チャレンジできるチャンスをもらえるという意味でとてもありがたいものです。

しかし、その商品が気に入らなかったり、使いづらいことを店に言ってくれないお客様は、再度チャレンジできるチャンスをいただけないだけでなく、その商品や店に対する信頼が著しく低下しています。

そうなると、そのお客様はその商品を見るたびに嫌な思いをして、店やその商品のことを聞かれてもよくない話や悪い口コミをせざるを得ません。それはお客様だけでなく、店にとってもとても不利益なことです。

つまり、お客様に損をさせてしまうということは、店にとって最も大きな損につながるということです。裏を返せば、お客様に損をさせない提案をすることができれば、安心して購入していただくことができるので、自然と売上げが上がります。

たとえば、交換、返金保証など、お客様の損にならないように店側が引き受けることで、お客様は店に対して信頼感を持ってくれます。だから、お客様に損をさせないことは、店にとって得につながるのです。

私が新入社員のときに配属された店長から言われた言葉を、今でも私の中でスローガンとして持ち続けています。

「佐藤、店が損をしてもかまわん。たとえどんなことがあっても、お客さんには絶対に損はさせたらあかん！　よく覚えておくんやぞ」

この言葉を、新入社員の私に教えてくれたその当時の店長には今でも感謝しています。今考えると、商売の根本を教えてもらったような気がします。

5章

確実に勝てる商圏で勝負しよう！

1 確実に勝てる商圏の見つけ方

店を運営するうえで、とても大切なことがあります。それは、確実に勝てる勝負しかしないことです。

競合がひしめく中で、自分にとって絶対的な強い武器がなければ、どうやっても勝てるはずがありません。

ならば、自分の店が確実に勝てるところで、確実に勝てる武器で勝負を挑むべきです。絶対に負けるわけにはいかないからです。

では、あなたが確実に勝てる場所、商圏はどこにあるのでしょう？　その見つけ方を、本章ではお伝えしていきます。

そもそも、今の場所に店がすでにある場合は、今さら商圏を見つけるなんてできないと思っている方が多いのではないでしょうか？　たしかに現在の店の商圏は変えることはできません。しかし、その考え方は逆に使うべきなのです。それだけ、その商圏のことをわかっている利点があるということなのです。

店の立ち位置を探る

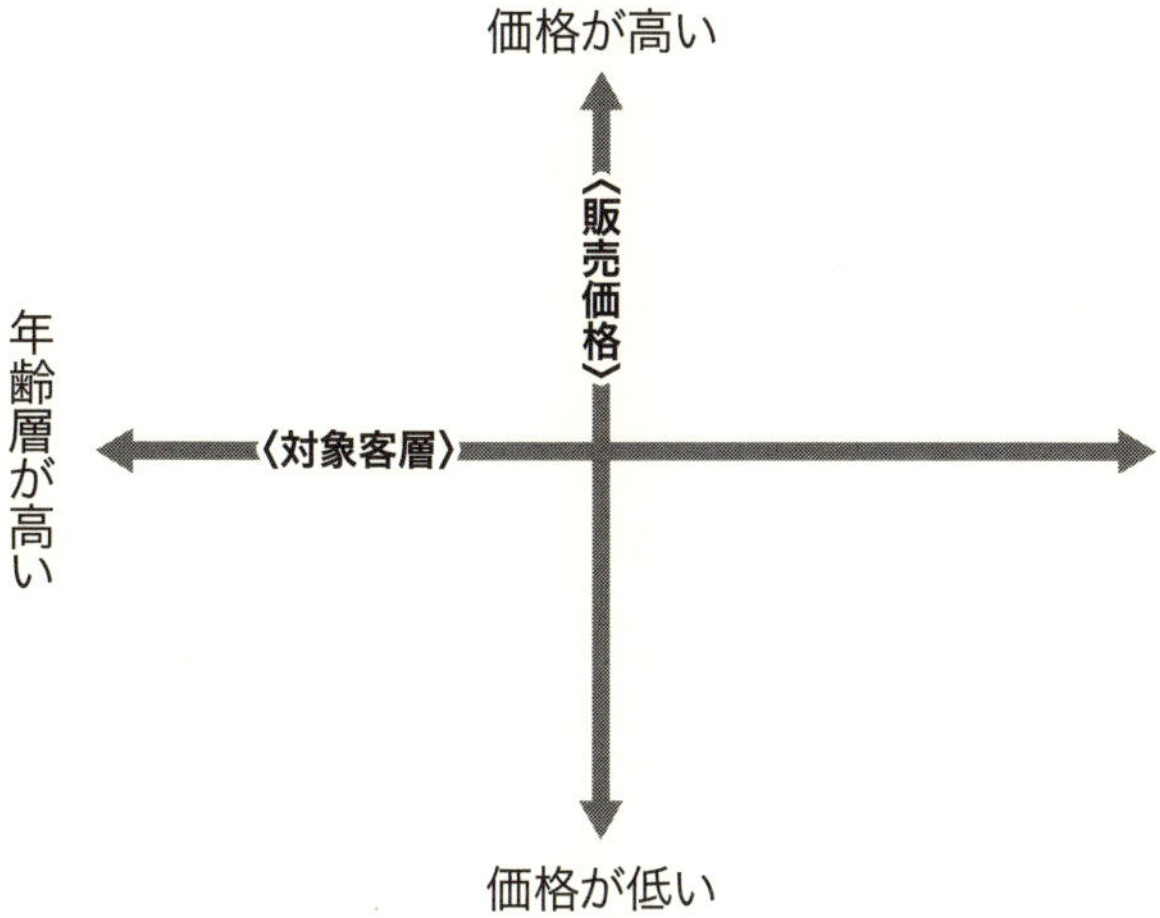

今ある商圏で、どうやって勝てる部分を切り開いていくか？　それがポイントです。

そのために考えることが、以下のように4つあります。

ひとつ目は、自分の店の立ち位置はどこにあるのか？

価格、商品のテイスト、対象客層をはっきりさせることです。

では、ひとつ目から見ていきましょう。

まず、自分の店の立ち位置をはっきりさせることです。

上のような縦軸に販売価格、横軸に対象客層の図を書きます。

ニーズはあるが、客層、単価ともにかぶっている

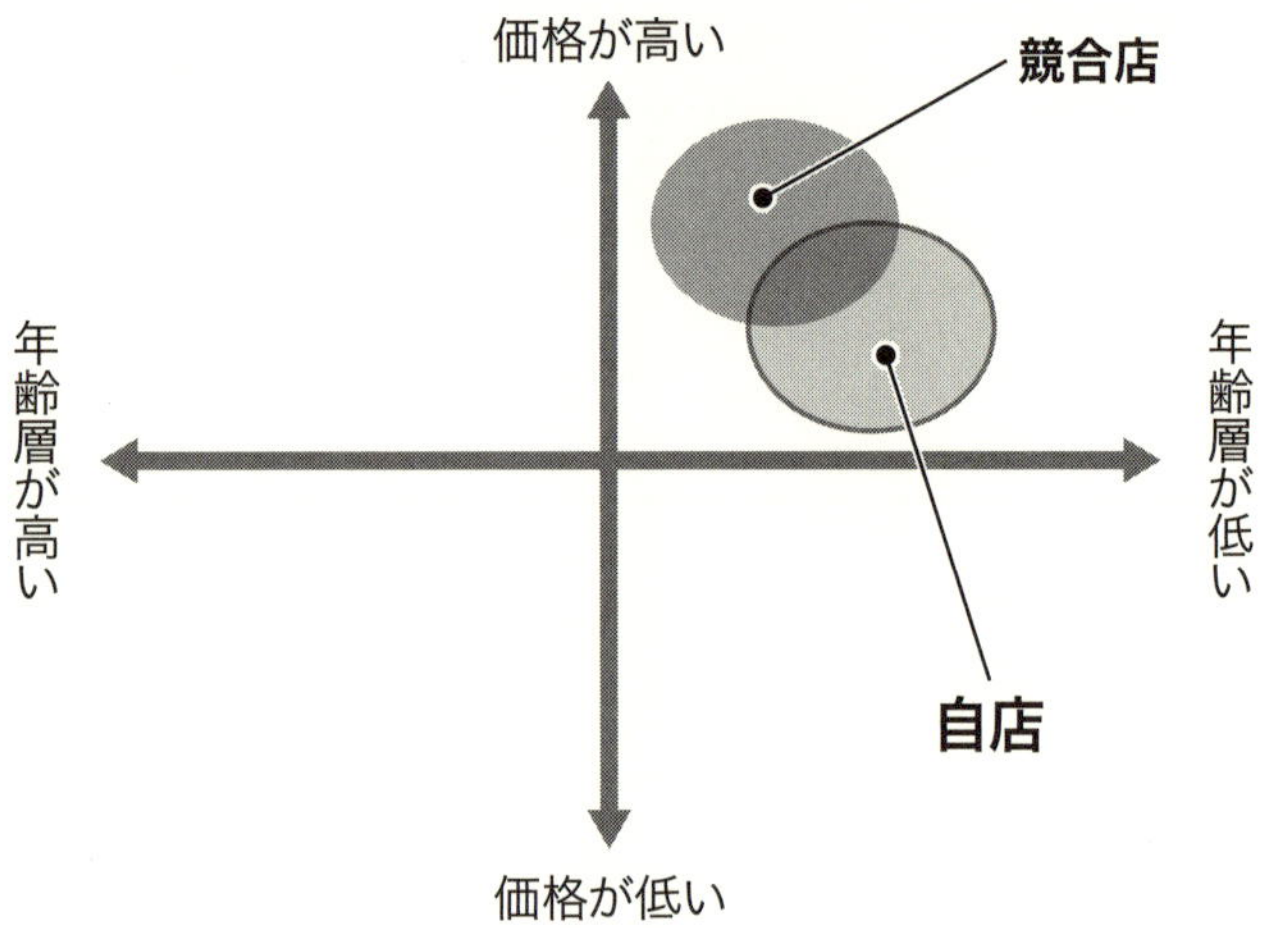

この中で、自分の店がどの位置にいるのかを当てはめます（上図）。そして、その中に競合店の数が多いようであれば、その位置をずらして、競合店のいないところを探すという考え方です。

そして、２つ目が、今、店に来てくれているお客様はなぜ来てくれているのか？を探るということです。

数ある店の中から、わざわざ自分の店に来てくれるということは、何かしらの理由があるはずです。その理由を探りあてることです。

なぜ、そのお客様は自分の店を支持してくれているのかがわかれば、そこが店の確実に勝てる武器になるからです。

それを再度、次ページの上の図に当てはめ

競合が少なく、勝てる勝負ができる場所へ移動する

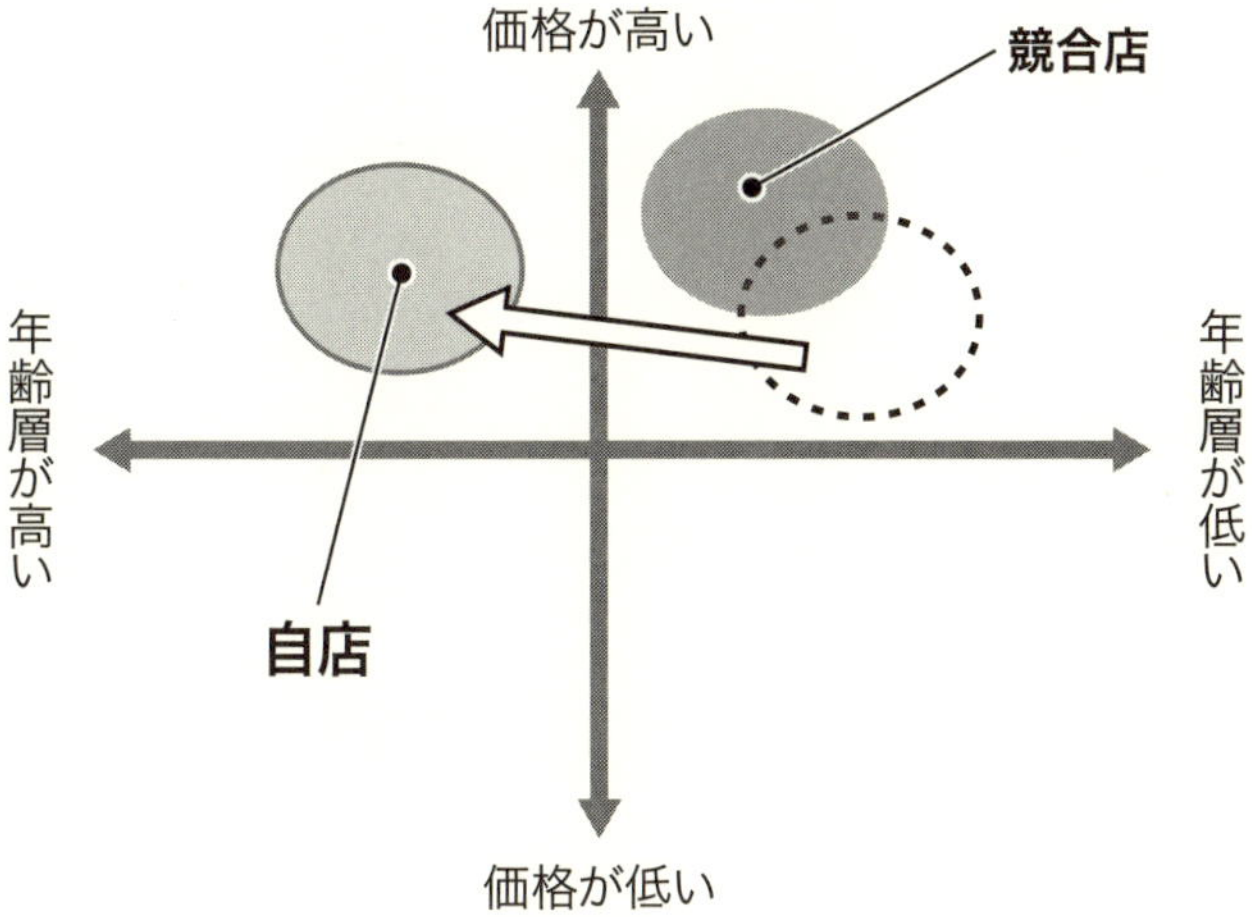

め、勝てる勝負ができる場所を見つけるということです。

そして3つ目が、今店に来ていない、または来なくなったお客様はなぜ来なくなったのか？　今まで来てくれていたお客様が、来なくなった理由は何なのか？　です。

トラブルがあったからなのか、競合店が近くにできたからなのか、自分の店よりも価格が安いからなのか、サービスがいいからなのか、品揃えがいいからなのか？

ここから、自店の弱点と改善点を見つけることができます。

そして、4つ目がどんな武器で勝負するのか？　です。

強みと弱点がわかれば、対策は簡単です。強みを徹底的に伸ばしながら、弱点を少しずつ改善していくことです。

何よりも大切なのは、勝っている理由と負けている理由を知ることです。

そしてそこに対して、どんな武器を使えば確実に勝てるのかを見つけることです。

2 顧客の頭の中のランキングを上げて、来店に導く方法

確実に勝てる商圏が見つけられたら、今度はその商圏にいる住人について知らなければなりません。商圏の中で、本当にその住人にとって魅力のある店になっているのかを確認することが必要です。

ただ単に、勝てる場所を見つけ出しただけでは、肝心の住人を置き去りにしてしまって、机上の論理になってしまうからです。地域の住人に愛されてこそ、店ははじめて成り立ちます。

そのためには、その住人に愛される店になり、地域の住人たちの頭の中での優先順位を上げなくてはなりません。

この商品を買うならば、あなたの店に行こう！

この商品＝あなたの店

という図式を、地域の住人の頭の中に作り上げなければなりません。

店にお客様が来なくなる理由は、トラブルやクレームでなく、その商品をほしいと思ったときにあなたの店がお客様の頭の中に浮かんでこなくて、他の店が先に出てくるからです。つまり、あなたの店が忘れられている状態です。

販売促進に費用を使える大企業であれば、ＣＭやチラシを打ちまくって認知度を上げ、住人の頭の中に刷り込んでいくことができるでしょう。それは、潤沢な経費をかけられる大企業だからこそなし得る技です。

しかし、中小企業や個人店ではそうはいきません。そんなにＣＭやチラシを大量に打つ予算はまずないでしょう。

だから、小さな地域の中で、まずお客様の脳内ランキングを上げていく地道な手法が必要なのです。

先の項で、確実に勝てる商圏を見つける方法がわかったと思います。その中で、考えることは売り方です。

その商圏に住んでいる住人が使っているコミュニケーション手段は何か？　どんな行事があるのか？　どうすれば地域のコミュティに入り込めるのか？　を知ることです。

たとえば、その地域の住人がどんな商品に今注目しているのか、どのくらいの価格帯ならば購入しやすいのか、どこで売れば買いやすいのか？　どんな販促をすれば買ってくれるのかを見つけることが必要となります。

3 狭く、小さく、賢く攻める方法（ニッチ戦略）

勝てる商圏を見つける方法はわかりましたか？　確実に商圏を見つけるためには、いきなり大きな商圏を相手にすることは実は難しいことなのです。

なぜならば、周辺の地域のお客様から固めなければ、遠方からのお客様はいずれ距離に邪魔され、来店頻度が減ってしまうからです。さらに、近辺に競合店ができて、自分の店に来る前にその店を通過してくることになった場合は、来店されなくなってしまうことが考えられます。

そうならないためには、その地域の地形をよく知っておかなければなりません。そのために必要なのが、〝商圏を歩くこと〟です。非常に地味な作業に見えるかもしれませんが、これほど効果的なことはありません。それは、お客様が自分の店に来るまでにどの道路を通って、どの経路を使って来ているのかわかるからです。それがわかると、ふだんお客様がどんな行動範囲で生活をしているのか、ある程度想像することができます。

たとえば、自分の店に来るまでにどのスーパーで買い物をしているのかがわかれば、買い物に使う予算がわかります。さらに、お客様が店に来たときに住所を聞けば、土地の話ができます。これは、とてもすばらしいことです。その地元のことを話すだけで、お客様と共通認識ができ、地元を感じて親近感を持ってくれます。

地元の人は裏切らない、変な商売はできないという心理が働くからです。

そして、地域を歩くときに必ず見ておかなければならないことがあります。

それは、

①家の大きさ
②車の車種
③洗濯物の量と干している時間
④自転車

①家の大きさ

家の大きさを見れば、ある程度の所得がわかり、経済価値観がわかります。さらに、その一軒を見るだけでその周りの住人の所得も把握できます。

②車の車種

車はそもそも、走ればよいというものです。しかし、その車にお金をかけるということは、嗜好品や見た目にお金をかける傾向がある住人が住んでいると推測することができます。

③洗濯物の量と干している時間

「洗濯物を見る」と書くと、変な感じに聞こえるかもしれませんが、実はとても大切なことです。洗濯物を見れば、家族構成がわかります。そして、干している時間を見ればその住人、とくに奥様が働いているかどうかがわかります。その家庭の収入が、1馬力か2馬力なのかがわかります。そこで、車や家の大きさを見れば、自由に使えるお金がどのくらいあるかも、ある程度把握できます。

④自転車

自転車は子ども用があるか、大人用の自転車に子供用の荷カゴがあれば、小さい子どもがいることがわかるし、生活時間、行動範囲もだいたい把握することができます。

ここまでわかれば、

①どの地域の
②どんな年代に
③どんな文言で
④どんな単価の商品
⑤どんなテイスト
の商品のチラシを配ればいいのかがわかりますし、商品構成がしやすくなります。

確実に当たる文言はどれか？
いつ出せば効果的なのか？
も把握できてしまえば、
・DMの効果による選定
・どの時期に
・どんな文言で
・どのくらいの価格ならば効果があるか
を調べます。
それを小さく繰り返すことで、確実に勝てる根拠ができあがります。つまり、絶対に外れない戦略を立てることができます。だから、チラシやDMの費用対効果が上がります。

たとえばチラシを撒く場合で考えると、同じチラシを何万枚も配布できるのは、資金と同じニーズのある顧客リストがある大企業だからこそなせる技です。もし、中小企業が同じことをしたらどうなるでしょうか？

当然、資金的に最初から無理だということもあるでしょう。もしできたとしても、もともとニーズの小さな商圏でそんなことをしてしまったら、ほとんどのチラシが外れてしまい、資金がショートしてしまうことになります。

中小企業は費用対効果を上げていかなければ経営が安定しなくなります。資金の代わりに、非効率でも足で稼ぐことが実はとても重要なことになります。

4 商圏地図の作り方（図解）

自分の店のお客様と商圏を知るために、もうひとつ重要なことがあります。それが、商圏人口の増減とその理由を把握することです。商圏人口の増減を知るために必要な方法が、商圏地図を作ることです。

では、商圏地図を一緒に作ってみましょう。

用意するもの

①赤ペン

②青ペン

③地域の住宅地図（インターネットで検索できます。もしくは書店で販売している地図でも可能です）

注意点：開店して1年たっていない店の場合は、これから半年に1回実施されることをオススメします。

商圏地図の作り方

①開店してからの来店客の来店地域を調べます（どの地域から来店しているか）。

②店に現存するもっとも古い期の顧客来店地域を赤ペンで囲みます。

③その次の期の顧客来店地域を青ペンで囲みます。

④それを今期まで行ないます。

⑤前年、2年前と比べて客数が増えている地域、減っている地域を調べます。

さあ、次はその作成した商圏地図を使って商圏拡大の方法をお伝えしていきます。

5 商圏分析の結果を利用してやるべきこと（販促のかけ方）

では本項では、でき上がった商圏地図を使って、具体的にどのように販促をかけていくのかをお話ししていきましょう。

前項で作成した、商圏地図を用意します。その商圏地図で1年前、2年前の地図を重ね、蛍光灯にかざします。すると、商圏地図を赤ペンで囲んだ部分と青ペンで囲んだ部分のズレがわかります。

そのズレが調べるべきポイントです。

前年の地図と比べて、赤い地域よりも青い地域が外にあれば客数が増えている商圏だとわかります。また、赤い商圏よりも青い商圏が内側にあれば、商圏が減っていることがわかります。では、その商圏の増減は何が原因でしょうか？

その理由によって、今すぐ販促をかけるべき商圏、もしくはいったん置いておく商圏の見極めができます。つまり、やみくもに販促を打つことがなくなるため、無駄なく効率よく顧客へアプローチすることができるわけです。

自店から流出した旧顧客に再度アプローチすることができるだけでなく、新規客を競合が入り込む前に先手で獲得できる可能性も出てきます。


では、その考え方をお話ししていきましょう。

まず、年々客数が減っている商圏について考えてみましょう。

客数が減っている商圏に、何が起こっているのかを突き止めなければなりません。

客数が減っている理由は競合店ができたからなのか？

もしそうであれば、競合店の特徴を調べなければなりません。

なぜ、競合店にお客様が流れてしまったのか？　その理由を探ります。

その他の理由として、
住人の入れ替わりはないか？　住宅地の建て替えはないか？　世代交代が起こって客層の入れ替わりはないか？

その理由を、確実に突き止めることが大切です。


その理由さえわかれば、次に取るべき戦略を考えることができます。

もし、住宅地の建て替えがあり、今まで住んでいた住人が引越しをして、住人が入れ替わっているとしたら、どんな年代のどんな住人が増えているのかを調べる必要があります。

そのうえで、競合店よりも前に他の商圏をおいてでも最優先で販促をかける必要があります。

後手に回ると、競合店に先を越される可能性があるからです。

そして、その入れ替わっている住人の特徴がわかれば、商品のテイストや陳列の仕方もそれに合わせて変化させていくことが必要になってきます。

また、ニューファミリーが入ってきているとすると、小さい子どもがいることが考えられます。

ニューファミリーは多くの場合、子どもにお金がかかり予算が使えないため、安価な店に流れたり、買い控えが起こる可能性があります。

また、逆の場合も考えられます。たとえば、子どもが2人以上いる家庭になると、子ども用品や食料品の消費は増えることが考えられます。つまり、スーパーマーケットや子ども用品を扱う店、薬局はそのことがわかったまさにそのとき、その時期こそが販促をかける絶好のタイミングになるわけです。

他の業種でも考えてみましょう。私が勤務していたメガネ店など、単価の高い商品を販売している店は商品の購入が減ることも考えられるため、やるべきことが限られ、動きにくいように感じるかもしれません。

しかし、実はそうとも限らないのです。新しい商品の買い控えが起こるということは、その分、修理対応やアフターメンテナンス、無料相談などで見込客として、そのお客たちをつなぐ関係づくりの時期として、ある意味とても大切なのです。稲作で言うところの、種まきの時期に当たります。

商売は短期戦ではありません。長い年月をかけて継続していかなければならないものです。そのためには、売りに出るとき、顧客リストを育てる時期を見極めながら、焦らずに現状を把握することが必要です。

この考えがなければ、焦って効果のないDMを打ち続けたり、チラシを無駄に撒いてしまい、経費が底をついて経営難に陥ってしまうことがあります。

つまり、商圏に対する現状が把握できれば、どの時期にどの地域に攻めの販促をし、どの時期にどんな守りの地盤を固めて、見込客のニーズを育てる関係づくりを積み重ねる施策を取るのかを考えることができるようになります。

6
章

ＤＭで一気に顧客を店まで連れて来る方法

本章では、前章で調べた商圏に対して確実に顧客を店まで連れて来るDMの作り方をご紹介していきましょう。

1 開封率を2倍に上げる封筒作成法

まずは、DMの印象というものについて触れておきたいと思います。

あなたは、DMにどんなイメージを持っていますか？

贔屓にしている店から来る季節の挨拶DM、一回だけ立ち寄っただけの店から来るセール案内DM。また、内容がよくわからないようなDMなど、ほぼ毎日に近いほど数多くのDMを目にするのではないでしょうか？　そのDMを見て、「あっ、またDMね。はいはい」としっかり見ずに、ゴミ箱に捨てるなんてこともあるでしょう。

そう思うにもかかわらず、私たちはふだんからDMを出す側に立ってDMというものを見ているため、受け取る側のエンドユーザーの気持ちをつい忘れてしまいます。実際、店に入ると、私たちはつい売上げを上げるために、売りを前面に出したセールのDMを出してしまいがちです。

忘れてはならないのが、お客様のポストにも私たちの家のポストと同じように、毎日大量のDMが届いているということです。
だから、私たちの店に来てくれている顧客の心境を考えてDMを作っていく必要がありま
す。それだけではなく、手にしたくなる、読みたくなるDMを作らなければいけないという
ことです。
DMも接客と同じように、売り手側の気持ちではなく、顧客側目線で内容、出し方を考え
ることが最も大切です。

DMの作り方をお話しする前に、ここであなたに質問をしてみましょう。

あなたはDMと聞いて、ハガキと封筒のどちらを思い浮かべますか?

実は多くの方が「DMはハガキでしょう」と思っています。

それは、もちろん間違いではありません。

では、ハガキと封筒のどちらの効果が高いのでしょうか?

実は、ハガキよりも封筒のほうが効果が高いことを知っていますか?

ハガキはどうしても厚みが薄い、伝えたい文言も制限されてしまうため、効果が出にくい
のです。

しかし、封筒は中に手紙が入っているため、〝開けてさえくれれば〟読んでもらいやすく、

効果が出やすいDMとなります。もちろん、〝開けてさえくれれば〟という条件付きです。

そんなのは当たり前ですよね。

今度は違った視点で、経費という面からDMを考えてみましょう。

冷静に経費的に考えれば、ハガキと封筒を比べれば、当然ハガキのほうが断然安いですよね。しかし、安い経費で効果の薄いハガキを大量に送るのと、少し割高の封筒で効果のあるDMを少なく送るとしたら、費用対効果はどちらが上でしょうか？

答えは言うまでもありませんが、封筒になります。しかし、封筒はいちいち開封する手間がかかるから、面倒で開けてもらえないのではないか？　という一面も考えられます。

たしかにその通りなのです。

それにもかかわらず、なぜ私が封筒をオススメするのか？　なぜ、ハガキよりも封筒のほうが効果があると言い切っているのか、あなたは不思議に思いませんか？

そこに答えがあります。

封筒というのは、そのものの厚みはそれほどなく、アピール度が高いものではありませんし、もっと言えば開けるのが面倒なタイプのDMです。

そこで逆を言えば、工夫しだいで〝開封しないと気がすまない〟ものにすることができるようになります。

では、あなたはどんな封筒ならば開封しますか？

・お得そうだから？

・贔屓にしている店から来たものだから？

・自分に関係がありそうだから？

おそらく、多くの方がそう考えるでしょう。しかし、これでは他の企業から来ているDMとの差別化がないため、いつも届くどこにでもあるような〝見飽きた〟DMと同じになってしまい、開封してもらえる可能性が少ないわけです。仮に開封してもらえたとしても、来店してほしい時期を過ぎた後に開封されて、DMの効果がないかもしれません。

せっかく経費をかけて送るDMですから、こちらの開けてほしいときに開けてもらって、その時期に来店してほしいと思います。そのために出しているDMなのですから。

では、いったいどんなDMならば、開封してほしいときに開けてもらえるでしょうか？つまり、開封率が上がる封筒を作るにはどうしたらいいでしょうか。

開封率の高いＤＭにするためには、以下のようなことを押さえておく必要があります。

①封筒の表裏に開封期限を付ける

受け取った顧客が、その日までにこの封筒を開けなければいけないという意識を持つように工夫する方法です。

たとえば、封筒の裏表に〝5月10日までに開封してください〟という文言を入れておく、という工夫です。人間は期限を付けられると、行動をしやすい性質を持っているからです。

この記載は、表だけにするよりも、表裏両面に書いたほうがより重要度が増すため、行動を促しやすくなります。

②開封しやすい工夫をする

封筒は基本的には、のり付けがしっかりされていて、ハサミを使わないとキレイに開封できないことが多いものです。しかし、わざわざハサミを取り出してまで開封するということは非常に面倒なので、結果的には期限を付けていても後回しにされてしまいかねません。開封を後回しにされないためには、顧客が封筒を見たそのときに開封してもらえるように、簡単に面倒がない開け口にする工夫が必要です。

③厚みを持たせる

人間の感覚としては、平たいものには無機質な印象を持ち、厚みのあるものに対しては、温かみのある印象を持ちやすいものです。封筒の中央が盛り上がっている、または封筒のどこかに厚みがあると、封筒の中に何かが入っていることがわかります。すると、何が入っているのかが気になり、開けてみようという行動を促すことができます。

④宛名を親展にする

親展での手紙は、他の人が開封してはいけないということになります。つまり、本人だけしか見てはならない重要な書類が入っているということです。そんな重要な書類ならば、すぐに開封しないといけないという意識が生まれます。

いかがでしょうか?

開封率を簡単に上げる封筒でのＤＭの作り方がわかってきたでしょうか?

顧客がその封筒を手にしたときに、視覚的、触覚的、心理的にどんな印象を持つと開封しやすいのかを考えて、封筒を作成する必要があるということです。

次項では、さらに発展したＤＭの作り方をお話ししましょう。

2 違和感で開封させるDMの作り方

ＤＭを開封する顧客心理を踏まえ、その顧客心理を行動に促すＤＭの作り方についてお話ししていきましょう。

まず、顧客がＤＭを受け取って開封する理由とは何でしょうか？

・お得そうだから？

・贔屓にしている店から来たものだから？

・自分に関係がありそうだから？

というのは、前項でもお話ししたとおりです。

ここまでは、どこの企業が出しているＤＭとさほど変わらないでしょう。

ということは、同じ考え方で同じように送ったのでは他社との差別化ができず、開封してもらうことができない可能性が高くなってしまいます。

そこで、オススメしたいのが、次の４つ目、５つ目、６つ目の開封する理由を付けるということです。

④違和感

⑤疑心感
⑥指示

④の違和感は、封筒を持った瞬間に何か違和感を覚えるように作るということです。その何かとは、封筒の中に厚みが増すための固形物を入れておくという方法です。店から届く封筒の中に入っている固形物は何だと想像するでしょうか？

店から届くDMであれば、景品やお得なものが入っていると、顧客のみならず私たちもみんなが知っているわけです。それこそが狙いです。

封筒の中に自分にとってメリットのあるものが入っていると開封したくなるし、そもそもその封筒の中身が何なのかが気になるため、どうしても封筒を開けたくて仕方なくなるわけです。

中身を確認せずに捨ててしまうなんてことは、まずあり得ないでしょう。中身がわからないまま放置したり、捨ててしまうほうが開封する行動と比べると気持ちが悪いからです。

では、封筒にどんな固形物を入れればいいのか、具合的にお話ししましょう。

たとえば、あなたの店のロゴの入った景品もいいですが、お客様がもらってうれしいものが一番です。

しかし、店のロゴを入れてお客様が喜ぶものを作ろうというような考えは必要ありません。それでは経費がかかりすぎてしまうため、費用対効果が得られません。そもそも、そんなものは自分の店にはないという方もいることでしょう。そんな場合にオススメなのが、季節に合わせた便利グッズです。

季節の便利グッズであれば、顧客が今すぐ使えて便利だと感じることができます。さらに届いた季節感を感じてもらえることができるし、それに合わせて自店の商品の提案がしやすくなります。

⑤の疑心感は、封筒の開け口の工夫です。
封筒の裏ののり付けをした後、あなたは何を書きますか？

〃×〃マークを書きませんか？　この〃×〃マークの意味を知っていますか？　〃×〃マークは、「この封筒は開けられていませんよ」という意味です。

もし、家に届いたDMの裏を見たときに、この〃×〃マークがズレていたらどんな気持ちになるでしょうか？　「あれっ、もしかしたらこの封筒は誰かに開けられて見られたんじゃないの？」という疑心感が生まれます。そんなDMを手にしたあなたは、その後、どんな行動をとるでしょうか？

私が顧客に確認した結果によると、たいていの方は、

①宛名を再度確認する

②すぐに開けて中身を確認する

という2パターンでした。

①の宛名を再度確認して、親展で自分宛に来た手紙だとしたらどうしますか？　親展なのに誰かに開けられたかもしれないと思うと、もう中身を確認せずにはいられないでしょう。

これはあなただけでなく、たいていの人間が同じ行動をとります。なぜ開けられた形跡があるのか、親展と書いてあるその封筒の中身はいったい何なのか？　その答えを知りたいわけです。人は、答えを知りたい衝動を抑えることができません。とくに、自分に関することにおいてはなおさらです。だから、必ず封筒を開けるわけです。これは、人間の深層心理を利用した手法と言えます。

しかし、そんな騙されるみたいなことは嫌だと思うお客様がいるかもしれません。それもわかります。そんな方には封筒の親展と書いた下に〝この封筒にはちょっとした細工があります。〟とひと言書いておけば問題はありません。

そして、封筒の中の文章に「封筒の細工に気づいた方にプレゼントがありますので、封筒

封筒の裏面

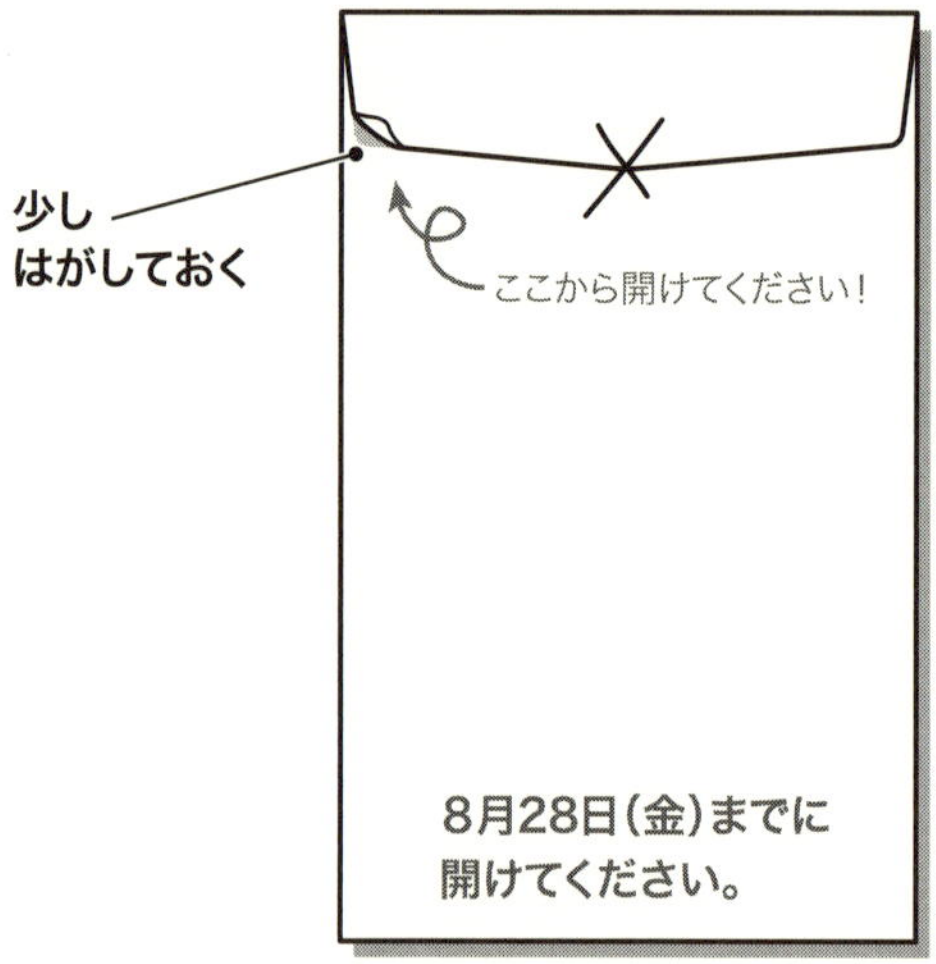
少し
はがしておく
ここから開けてください！
8月28日（金）までに
開けてください。

を持ってご来店ください」と書いておけば、お客様に安心感を与えながら、その封筒、手紙の内容までをくまなく読んで、その細工を探してもらうという遊び心を提供することができます。これならば、あなたもこの手法を使いやすくなるのではないでしょうか？

⑥の指示は、開封する日にちに期限を付けて、行動を促すことと同時に、どこから開封するかも明確に指示することです。

封筒の裏の、のり付け部を少し剥がしておくという工夫をすることもできます。

さらに、そののり付け部のところに矢印をつけて「ここから開けてください」という文言を書いておくことで、顧客の行動を促すことができるようになります。

つまり、いつどこから開封すればいいのかが明確にわかるようになります。

そこまでていねいに指示することによって、顧客ははじめてこちらの意図した通りの行動を起こしてくれるようになります。

3 捨てられないDMの作り方

では、開封して、さらに捨てられないDMの作成法をお話ししていきましょう。

開封して捨てられないDMというのは、お客様が大切に持っていたくなるDMです。お客様に持っておいてもらえるDMを作ることができれば、いざ商品がほしいとなったときにそのDMを見て、店に来てもらえる可能性が高くなります。商品を買うときだけでなく、ふだんから持っていてもらえることでお客様の視界に入る回数が増えます。そうなると、店のことを覚えていてもらうことができるようになります。

では、DMを捨てられずに持っていてもらうためには、どんな工夫をすればいいのでしょうか？

たとえば、夏であれば、体内の水分が失われて熱中症になる危険から、塩分の摂取が最近ではブームです。そのブームに合わせて塩飴を同封しておきます。そして、暑い季節と自店の商品と関連づける文章を書き、なぜ塩飴を同封したのかを手紙の最後で触れておくのです。

さらに、その塩飴をなめながら来店された方には特典を付けましょう。塩飴をなめながら来店してくれたお客様は、手紙を最後まで読んで来店してくれた可能性がかなり高いということです。

そのお客様は、ＤＭの内容を知ってくれている、もしくは興味を持ってくれているため、商品の説明がしやすいので、接客しやすくなり、販売につながりやすくなります。

冬にはポケットカイロを同封しておきます。「寒い季節なので、体を冷やさないようにカイロを握り締めてお越しください。カイロを見せてくださったお客様には、暖かいお茶とプレゼントをご用意しております」というような手紙を入れておくと、塩飴と同様に来店につながりやすくなります。

封筒を受け取ったときは違和感を持ちながらも、開封してみると特典があるという、うれしさが待っているＤＭが仕上がります。

4 DMを片手に店に来るアフターDM作成法

あなたも、来店してくれた顧客に対してサンキューDMなどのアフターDMを出したことがあるでしょう。しかし、そのDMの効果はどのくらいだったでしょうか？　効果というのはDMの回収率のことです。

ところで、あなたはアフターDMの本当の使い方を知っていますか？　アフターDMは、今回来店してくれた顧客への感謝を込めたDMとして出すことがあるでしょう。

アフターDMは、たしかに顧客との関係をつないで深めるためにはいいかもしれません。しかし、それだけでは、ちょっともったいないのです。せっかく顧客とのつながりが新しいうちに出すDMです。顧客の満足度が高い状態なので、ぜひ、知り合いや友人などの紹介を促す紹介DMにするべきです。

しかし、普通のDMで紹介を促してもなかなか紹介には結びつきません。

そこで、顧客に出すアフターDMを表彰状タイプにします。しかも、スタッフの写真入りです。

あなたは、今までもらった表彰状を捨てたことはあるでしょうか？　表彰状というものは、もらうと誇らしいものです。つまり、捨てづらくずっと持っているものになるし、額に入れて部屋に飾っておく人もいるほどです。それを応用して、DMを表彰状にするわけです。

さらに、その表彰状にスタッフの顔写真があるとどうでしょう？　人の顔が入ったものは破りにくいし、捨てにくいものです。

表彰状にスタッフの顔写真が入ったものはお客様に持っていてもらうことができ、また人に紹介するときもその表彰状を渡すため、誰が誰を紹介してくれたのかがわかるので、その紹介してくれた方には改めてお礼をすることができます。紹介してくれた人との関係はさらに密になります。

私がメガネ店時代にやっていた事例を、ここでご紹介しましょう。

私はメガネ販売時に、お客様の顔を撮影させてもらっていました。もちろん、嫌がる方は撮影しませんが。お客様がメガネを購入した正にその瞬間を撮影しているため、お客様の一番いい表情が撮影できます。そして、メガネの仕上がりまでに1週間ほど時間がかかる場合は、販売した2日後ぐらいにお客様の家にDMが届くように送っていました。

そのDMの内容は、作成中のメガネを写真撮影し、「○○様の大切なメガネを現在作成中です。暫し楽しみにお待ちください」というものでした。

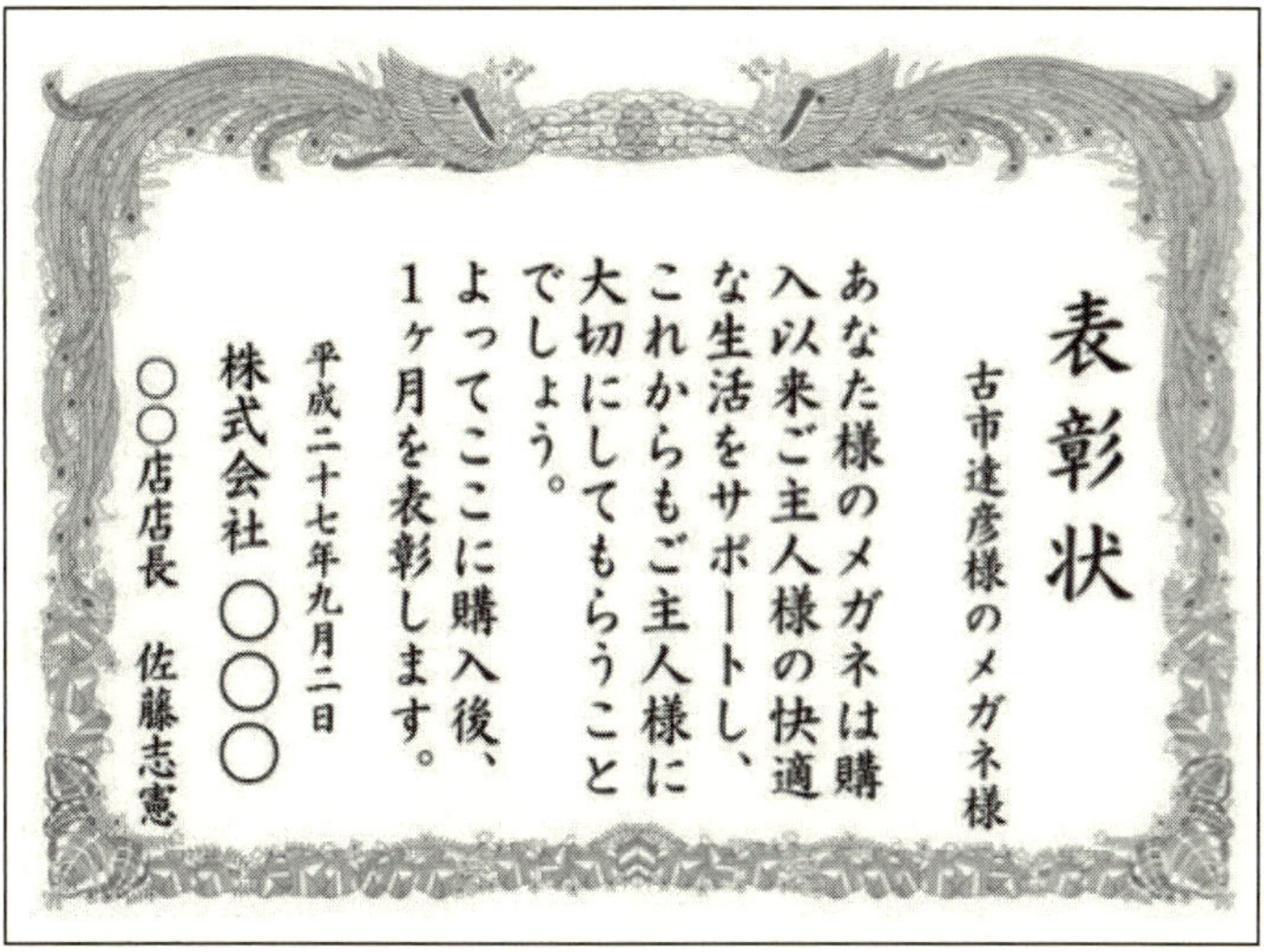
表彰状

古市達彦様のメガネ様

あなた様のメガネは購入以来ご主人様の快適な生活をサポートし、これからもご主人様に大切にしてもらうことでしょう。
よってここに購入後、1ヶ月を表彰します。

平成二十七年九月二日

株式会社 〇〇〇

〇〇店店長 佐藤志憲

こうすることによって、顧客は待たされることによるストレスが減り、仕上がりを楽しみに待ってくれるようになります。さらに、1週間ほどの時間が空くことで、自分が注文したメガネに対して、「これだったかな?」というような誤認がないようにもできるということになります。

そうしたDMを紹介客に渡してもらえるようにするためには、やはり顧客が紹介したいと思えるような工夫が必要です。

そのDMをもらって自慢したい、誰かに見せたくなるようなDMであれば、必然的に人の目に触れる回数が増え、うまくいけば持ち歩いてもらうこともできるようになります。

そして、そのDMを持って来店してもらうためには、DMを持ってきてもらえるだけの特典が必要です。

既存客に対するＤＭの中で、私の今までの経験上、最大の効果があったＤＭがバースデーＤＭです。つまり、誕生日の顧客に出すＤＭです。

単純に売りをメインにしたＤＭよりも、お祝いなどのほうが安心してそのＤＭを受け取ることができるし、素直にそのＤＭの内容を受け止めることができます。また、誕生日ということで、自分へのご褒美として再度来店してくれる可能性が増えます。さらに、誕生日であれば、家族の方を紹介してもらいやすくなるという特別性もあります。

5 あなたの店が顧客に忘れられないＤＭの作り方

ここで、２つの質問をしてみましょう。

1　顧客が、あなたの店に何度も来てくれる理由とはいったい何でしょうか？

2　店に2～3回来た顧客が急に来なくなる、もしくは常連客がぱったりと店に来なくなる理由は何でしょうか？

この理由を知っているか、知らないかで常連客のつなぎ止め方、つまり、リピート客数、リピート頻度が変わってきます。

では、答えです。

1の答えは、顧客が常にあなたの店のことを覚えているから。とてもシンプルです。

2の答えです。2~3回来た顧客が店に来なくなる理由は、商品、メニューに飽きてしまったことと、次回の来店の動機付けがないこと、そして、店から大切にされていないと思うからです。常連客ほどこの理由が大きいのはなおさらです。

では、なぜ大切にされていないと思うのでしょうか? とくに、何か問題を起こしたわけでも、クレームが発生したわけでもないにもかかわらずです。

それは、定期的に顧客とのコミュニケーションが取れていないからです。

あなたは、〝ザイアンス効果〟という言葉を知っているでしょうか?

人は、1度会った人よりも、2回、3回と会った人に親近感を覚えるようになります。つまり、顧客と常にコミュニケーションを取り続けることによって、顧客が自分は忘れられていない、大切にされているという印象を持ちます。そんなコミュニケーションの取り方をする必要があります。


では、DMを使ってどのようにそんなコミュニケーションを取ればいいのでしょうか?

それを行なうのが、定期的な手書き、DM、メールです。

そのDMを出すときのタイミングとして、〝3〟という数字を意識しておくと効果的です。購入していただいた3日後に購入に対するお礼のサンキューDMを届ける。そして、3週間後に調子伺いのDMを送る。さらに3ヶ月後に、メンテナンスのDMを送る。その後は3の倍数、6ヶ月、12ヶ月後といった具合です。

このように、顧客の記憶から消えないように、DMやメールで顧客との関係を保ち続けます。

しかし、「毎回何を書けばいいの?」という声が聞こえてきそうです。では、具体的に何を書けばいいのかをお伝えしていきましょう。

最初の購入3日後のサンキューDMに関しては、わざわざ自分の店に来てくれたことに対する感謝の言葉、商品を気に入ってもらえたか? 確認の意味でのDMを送ります。

そして、3週間後の調子伺いのDMでは、購入していただいた商品の使い方が間違いなく理解できているか?

たとえば、洋服店ではコーディネイトで困っていることはないか? などの文言を入れることができます。これは、1ヶ月後ではなく3週間後ということに意味があります。1ヶ月という期間は、実は顧客がその商品を使って効果が出はじめる、満足度を自分で確認しはじめる期間だからです。いわゆる、タンスの肥やしになるかならないかの境目なのです。

その判断をする前に、本当に使い方が間違っていないか？　その商品に対して誤解をしていないか？　などの要素を取り除くとともに、顧客にアフターメンテナンスやサービスの手厚さを改めて認識してもらうことができるという意味で、3週間後の調子伺いのDMは非常に重要な役目を担っています。

それによって、今後の店との関係に対して期待度が高まり、「あの店で買ってよかった！」と思うことができるようになります。

また、3週間後の調子伺いのDMを送っておくことで、顧客に安心感を与えてクレームを未然に防ぐことができるわけです。


ここまでして、はじめて3ヶ月後のDMが効いてきます。

商品を購入して3ヶ月というと、その商品に見慣れ、マンネリ感が少しずつ出てきます。その見慣れ、マンネリ感を払拭して、商品の満足度を再度上げてもらうための方法として3ヶ月後のメンテナンスDMは大切です。

顧客は商品を使いはじめると、満足していようといまいと見慣れが起き、マンネリ化してきます。

そこで、その購入してもらった商品の、メンテナンスやニーズに合わせた使い方の提案をするために、再度来店を促すためのＤＭとなります。この再度来店してもらうところがポイントです。

店に、わざわざメンテナンスに行かないといけない、というネガティブな意識でなく、店に行くことで新しいことを教えてもらえる、楽しいことが待っているという期待感を持って来店してもらう癖づけを促すためにもとても大切なのです。

顧客が、自ら期待感、楽しみにしながら来店してくれることは、店にとっても非常に大きなメリットがあります。

険しい表情で入店してくるお客様と、期待感に胸を膨らませ笑顔で来店してくれるお客様とではどちらのほうが接客しやすいですか？　答えは言うまでもありませんよね。

しかも、自分が販売した商品について、顧客がその商品のことでわざわざ来店してくれるということは、スタッフにとってもうれしいことでしょう。

つまり、3ヶ月後のメンテナンスのＤＭによって顧客が再度来店してくれると、店のスタッフとの関係を密にする絶好に機会になり、店のことを好きになってもらう絶好のタイミングになるというわけです。

ただ単に、顧客だけが喜ぶＤＭの方法ではなく、スタッフのモチベーションを上げてくれるため、スタッフの表情や動きがよくなり、「もっとお客様に喜んでもらいたい！」とやる気をさらに向上させてくれます。

そうなると、次に来店したお客様を接客するときにも、持っている最高のパフォーマンスを発揮できるようになります。そして、そこでまたお客様から喜びの笑顔がもらえます。その繰り返しで、店の接客スキルが飛躍的に上がっていきます。

このＤＭの効果は、顧客の頭の中で店のランキングを１位にすることになり、常に忘れられずに、顧客の来店の動機づけ、店に大切にされているという意識を持ってもらうことができるようになります。

また、それとは別に店側としてメリットとして、スタッフ一人ひとりのやる気を育てることができるという効果もあります。

7
章

一気に売上げを加速させる提携術をマスターしよう

1 顧客リストを増やすために、なぜ提携が必要なのか？

売上げを上げるために必要なことは、方程式で表わされることはあなたは知っていますよね？

売上げ＝客数×単価×リピート率

で表わされます。

掛け算ですから、このうちのどれかが極端に少なくては、売上げを順当に伸ばすことはできません。

売上げの大切なパートを担う〝客数〟を増やすためには、どんなことをすればいいのでしょう？

そのとっておきの方法を本項では、しっかりとお伝えしていきます。そのとっておきの方法こそが、〝企業提携〟と呼ばれるものです。企業提携、ジョイントベンチャー、コラボレーションとも言うべき策となります。

では、なぜ客数を伸ばすために〝企業提携〟が必要なのでしょうか?

ここで、あなたに質問をしてみましょう。

顧客を1人集客するためにかかる経費はどのくらいの金額でしょうか?

実は、顧客を1人集客するためにかかる経費は約1万円と言われています。そう考えると、新規顧客を集客するためには大きな経費がかかり、時間も手間もかかってしまいます。

しかし、経費をかけずに、新規客数を増やす、そんなうまい話があるはずがないと思うでしょう。

それがあるのです。それを今からお伝えしていきます。

そもそも、提携とはどういうものなのでしょうか?　実は提携は、古くから行なわれていました。

たとえば、江戸時代にはすでに行なわれていました。

城下町などは、その最たるものです。商人が城に来る武家を相手にいくつもの店を並べ、城下町を作りました。それによってお客が集まり、商売をしやすくしたこと自体が提携と言えます。

また、昭和に入ってショッピングセンターに個店では大量に集客できない店が集まり、一気に集客ができるようになったのも、提携のひとつと言えます。

最近では、ショッピングモールもそのひとつと言えます。とくに、集客力のあるテナントが入ることで他のまだ知名度のない店にもお客様が入るようになります。これも立派な提携と呼ぶことができます。元々、小店舗、小企業が集客しやすくするために寄り集まって行なったものが提携の発端ではありますが、今では大企業も提携に乗り出しています。つまり、提携はそれほど効果があるということなのです。

少し例を挙げてみましょう。最近、提携を頻繁に行なっている企業があります。

それがファミリーマートです。ファミリーマートが提携したのが、カラオケＤＡＭです。

つまり、コンビニエンスストアとカラオケ店が提携をしたという事例です。

では、なぜこの2社が提携を行なったのでしょうか?

もちろん、お互いにメリットがあったからに他なりません。

では、この2社が提携するほどのメリットはどこにあったのでしょうか?

この2社は同じ建物の中にあり、入口も同じです。入口を入って左に行けばファミリーマート、右に行けばカラオケDAM。

ファミリーマートは、カラオケに来るお客様に合わせた商品を揃えることで、商品を絞り込んで販売ができるため、効率よく商品を仕入れることができ、来店する顧客の用途がわかった上で陳列できるため、顧客により買いやすい売場を作ることができます。

また、商品の売れ方も推測しやすいため、廃棄などのロスを減らすことができるのも大きなメリットと言えます。

では、カラオケDAMのメリットは何でしょうか？　よく考えてみると、カラオケ店は通常の店では、フードやドリンクを販売しています。それが売上げにつながっているわけですが、それが丸々なくなってしまうので、売上げが下がってしまうように感じます。

しかし、考えどころは、そこではないのです。

カラオケのフードを作るスタッフ、その商品を客室まで運ぶスタッフの人件費がかかります。しかしコンビニが入れば稼働するのは受付だけのため、フードやドリンクの売上げがなくても粗利率は減らないというわけです。さらに、同じ敷地の中で店舗を二分しているので、家賃も半分ですむというメリットも見逃せません。

このように、お互いにメリットがあるような提携を組めば、売上げと利益を増やすことができるのです。

2 提携するメリット

では本項では、具体的な提携の組み方についてお話ししていきましょう。

提携するメリット

①信頼できるパートナーとともに前に進むことができる

提携をすることで、自社だけでなく志や価値観をともにする提携先と、ともにアイデアを出しながら、ときには切磋琢磨しながら前に進むことができます。また、外から見た客観的な意見をもらえるため、自店では気がつかない点への気づきがあります。何より、志をともにする仲間が増えるということはとても心強いものです。

②自分の苦手分野を得意とする人に任せることができる

自店では補えない弱みは、どの店にも存在します。しかし、その弱みに自店で気がついていない、または気がついていても補う時間がない、ということがあります。そこで弱みはわかっているけれども、改善の仕方がわからないときや、もし弱みがわからない場合は、提携先に、弱みになっているところの改善の示唆を受けたり、探してもらうということができます。

また、弱みに気がついているにもかかわらず、改善する時間がない、改善の仕方がわからない場合は、そこを強みにしている企業と提携をして、完全に補ってもらうことが早道です。

餅は餅屋に任せて、自店の強みを徹底的に伸ばすことに力を注ぐことで、売上げ増進の効果が加速します。

③気がつかなかった、自分の得意分野に気がつくことができる

自店では当たり前にやっていることが、他の企業や他業種から見ると、魅力的なサービスであったり、すばらしい商品であったりすることがあります。そこで、自店の本当の強みを発見することができるわけです。

業界の中では気がつかない視点やアイデアを教えてもらうことで、新しい販売方法やセールストークができ上がることがあるのも、提携の魅力です。

④お互いがほしい顧客リストが一気に増える

新規客の開拓は前項でもお伝えしたように経費がかかり、手間も労力もかかります。しかし、お互いの顧客を共有することで、顧客リストが一気に増えるわけです。

ここで気をつけなければならないことがあります。それが、個人情報保護法です。個人情報はご存知の通り、自店の外には漏らすことは禁じられています。つまり、お互いの顧客リストを簡単に交換するというわけにはいかないのです。

では、どのように顧客リストを広げればいいのでしょうか？　ここがポイントです。お互いの出すDMの中に、相手の商品、サービスの紹介を入れるのです。

もちろん、ただ単にチラシを1枚入れてもほとんど効果はありません。自店の商品と相手先の商品やサービスを関係づけて、お互いの商品を一緒に購入するメリットを訴えなければなりません。どうすれば顧客にとって、より便利なものになるか？より価値のあるものにできるか？　という視点で見ると、お互いの商品を関連づけやすくなります。

そうすることによって、顧客リストが拡大し、売上げが増大しやすくなるのです。

⑤新しいビジネスモデルができ、収入ポイントが増える

提携をすることで、お互いの商品やサービスを使った、今までにない切り口での新しい販売方法が見つかることがあります。今まで店で行なっていた販売方法以外の販売の仕方で、今までと違った顧客へのアプローチができるようになるため、新しいビジネスの切り口が見つかり、収入ポイントを増やすことができるようになります。

⑥自店の商品に付加価値が付き、新たな商品が生まれる

自店の商品やサービスに、提携先の商品が加わることによって、今よりも顧客の使いやすさや価値が上がるものとして、新しい商品が生まれることがあります。たとえば、スマホのケースなどもこの事例と言うことができるでしょう。

⑦新たな販売ルートが生まれる

お互いの商品をお互いに告知活動を行なうことによって、自店だけで販売するよりも売り込み感が少なく、販売がしやすくなります。自店で販売していくだけでなく、相手のところでも販売の告知をしてくれるため、新たに販売ルートが生まれるチャンスもできるようになります。

⑧手間と時間、経費が削減できる

経費というものは、さまざまなものがありますが、ここでは、人件費、販促にかかる切手代などを示します。

まず人件費です。今まで、500通のDMを作るためにかかっていた時間が4時間だったとします。その作業にかかるスタッフが2人。その2人の時給がそれぞれ900円だったとします。

この場合、このDMを作成するための人件費は、4×2×900＝7200円かかっていることになります。

しかし、その500通のDMを提携先と半分ずつにすると、自店で作成するのは半分の250通でいいわけです。そうなると、このDMにかかる経費は作成部数が半分なので、単純に計算して、半分になります。

7200円÷2＝3600円
しかも、作業時間が減った分、他の仕事をすることができるようになります。それによって、店頭でお客様に声をかけることが増えるようになります。

また、作業時間が減ったおかげで、今まで残業が多かった店は残業の経費を抑えることができるようになります。

提携を組むことによって、手間と時間の削減ができ、結果的に経費が削減できるようになるのです。

提携をするうえで注意すべきことをまとめておきましょう。

①販促費の削減は可能か？
②作業効率、時間効率を上げられるか？
③人的削減ができるか？
④お互いにほしい顧客リストがあるか？
⑤販路拡大につながるか？
⑥（-1）+（-1）＝+1以上になるか？（弱みを打ち消すことができるか）
⑦1+1=3以上にできるか？（強みをさらに強化できるか）
⑧キャッシュポイントを増やせるか？
⑨人間的、企業的に信頼できるか？
⑩お互いがWin-Winになっているか？
⑪手間がかかりすぎないか？
⑫相手の信頼度は大丈夫か？
⑬さらに高い価値の商品、サービスが提供可能か？

以上のことに注意しましょう。

これらのことに注意すれば、前記のことがほとんど経費をかけずに実現できるわけです。

さあ、どうでしょうか？　もはや提携しないほうがおかしいと思えてきたのではないしょうか？

3 提携を組む手順

これほど魅力的と言える提携なので、実際には難しいのではないだろうか？　自分にもできるだろうか？

そんな声も聞こえてきそうです。

上手に提携を組むためには、うまく手順を踏む必要があります。

そこで、ここでは上手に提携を組むための7つの手順をお伝えしていきます。

①自社がほしいものをはっきりさせる

顧客リストがほしいのか、弱みを補ってくれる相手がほしいのか、強みをさらに強化したいのか、商品の価値をさらに上げたいのかなど、自店がほしいものを明確にします。
ほしいものがハッキリしないと、相手を探すことが困難になり、うまく提携できません。

②ほしいものを持っている相手を探す

自店がほしいものが見つかったら、今度はそれを持っている相手を探すことが必要となります。

自店がほしいものを持っている相手は、1社とは限りません。その複数の相手の中で、もっとも自店とコンセプトや思想が近い、つまり価値観が近い相手を探すことが大切です。

③相手のほしいもの（弱点、強化したい、困っていること）をリサーチする

自店がほしいものを持っている相手の中で、価値観が近い相手が見つかったら、今度はその相手の弱点、強化したいこと、困っていることをリサーチし、それに対して自店がどのように協力できるのか、相手の弱点、困っていることの解決、または強化したいことに協力できるかをあぶり出します。

④企画書を作る

そこまでできるとプレゼンが得意な方は、口頭で折衝できるかもしれません。しかし、プレゼンをする相手が必ずしも決裁権を持っているとは限りません。

そうなると、その相手が社内でプレゼンをしなければいけないということもあり得ます。そこで必要なのが、企画書です。企画書と言うと、完璧でないと通らないという印象を持っているかもしれません。ある意味ではそのとおりで、資料のできしだいで企画自体を判断する企業も少なくありません。

ですから、資料を作り慣れた方は自分で作れると思いますが、資料を作るのは苦手、やったことがないという方は、慣れた方に依頼されるのもいいでしょう。

⑤コンタクトをとる

企画書ができたら、今度は提携する相手とコンタクトをとります。

もちろん、先方にいきなり電話をかけて、「提携してください」と言うわけですから、当然、うまくいかないことはあります。しかし、断わられることで相手の情報や担当者を聞き出すこともできます。

受付で門前払いも、もちろんあります。しかし、それが普通です。店に営業の電話がかかって来ることがありますよね？　あなたは、そんなときにどうしていますか？　スタッフに「営業の電話はつながないで」と言うことはありませんか？

そういうものです。いきなりかかってきた電話は、勧誘であったり、営業であったりすることが多いのです。私たちが今からアプローチする企業も、基本的には私たちと同じです。

そこを踏まえて考えると、まずは地域の店と提携することがもっともやりやすいと言えます。

その理由は、地域の店は店主が店頭にいる可能性が高く、地元で商売している店であれば、店まで出向いて、直接店頭でフランクに話をすることができる可能性が高くなります。

もし相手が飲食店であれば、毎日同じ時間にその店に入って、完全に覚えられるまで同じメニューを食べ続けます。つまり、店長は昼ご飯もすべて営業になるということです。

完全に覚えられると、会話が生まれやすく、提案も聞いてもらいやすくなります。何と言ってもあなたは、その店にとって常連になっているわけです。相手も無下には断われないというわけです。

⑥提携するメリットと提携しないデメリットを伝える

アポを取り付けて、いざ提携の話をするときに必要なことがあります。おそらく、今からあなたが提携をしに行く企業、もしくは店は、提携というものをしたことがないでしょう。

ですから、提携がどういうものか、なぜその企業、店なのかを簡単にわかりやすく説明する必要があります。では、どんなことを説明すればいいのでしょうか。

そこで有効なのが、提携をしたときのメリット、提携をしない場合のデメリットを伝えることです。

そのためには、相手の強みや弱み、困っていることというような現状把握をしっかりしておくことが必要となります。これがうまく説明できると、提携の早道になります。

⑦相手にまず儲けさせる

こちらから提携を持ちかけたのですから、あなたはまず自店の売上げや顧客リストの拡大を考えるかもしれません。しかし、提携をうまくやっていくためには、先に相手に儲けさせて、その提携の信頼度を上げておく必要があります。

こちらから持ちかけた提案でも、先にこちらが儲けるのを提携先が見たらどう思うでしょう？　おそらく騙されたと思うか、そうは思わなくてもあまりいい気はしないのではないでしょうか。そうならないためにも、先に相手が儲かるように仕組みを考えましょう。

これで相手が儲かって、メリットを感じたところで私たちも儲かるように仕掛けていきましょう。

4 3ポイント提携の方法（さらに進化した提携の仕方）

提携のやり方をあなたの頭の中でも徐々に想像できるようになってきましたか？

今までは、相手との2社での提携の話をしてきました。本項では、3社間での提携について話をしていきます。

3社との提携と聞くと、さらに難しいように感じるかもしれません。

しかし、実は提携、とくに3社提携はパズルのピースを合わせるようなもので、思いつくことができれば、さほど難しいものではありません。

では、3社提携をする意味をお伝えしていきましょう。

相手との2社提携だと、DMを使った顧客リストに対してのアプローチ回数が多くなる可能性が高いこと、しかし、もともと顧客リストがあまり多くない店では、すぐにネタが尽きてしまう可能性が考えられます。

とくに顧客リストがない、顧客リストはあるけれど数が少ない、ほとんど活用できていないという店の方は3社提携を考えましょう。私はこれを3ポイント提携と名づけました。

では、具体例を示しながら3ポイント提携についてお話ししていきましょう。

私がメガネ店勤務時代、店長をしていたときの話です。

私の任された店は、赤字で客数、売上げともに右肩下がりでした。

そこで、まずは何とか客数を増やそう！　そう考えました。

ほしい顧客層を考えたときに、一番が60歳から70歳の顧客でした。人間の目というのは、45歳ぐらいから老眼が起こりやすくなります。さらに60歳から70歳の顧客の目の状態は、近くだけでなく遠くも見えにくくなる傾向が強いのです。

そう考えると、メガネを1人で複数個買ってもらえる可能性がある。しかも、補聴器も取り扱っていたので、その顧客に補聴器の提案もできるため、一石二鳥というわけです。

さあ、そこで私が提携に行ったのはどこでしょうか？

最初に行ったのは幼稚園です。

60歳から70歳の顧客がほしいのに、まず幼稚園に行ったのには理由があります。幼稚園は、普通は年に1回、目の検診をします。そこにお手伝い、もしくは代行で行くわけです。しかも3ヶ月に1回、検診することを提案したのです。それだけで幼稚園とのパイプができるわけです。

3ヶ月に1回目の検診をしている幼稚園はありません。そこを打ち出して告知することで、近いから通わせる幼稚園ではなく、遠くからでも通わせたい幼稚園というブランディングができるわけです。

なぜ、ブランディンができるのかもご説明しておきましょう。

子どもさんの目は成長期の真最中のため、日々変化をしています。そこで目の中に問題があった場合、すぐに対応することが大人になってからのことを考えると大事なのです。その幼稚園は、そこまで子どもの成長に親身に向き合っているということを謳うことができるわけです。これがブランディングの理由です。

しかし、それだけでは私の店は手間が年4回も増えるだけで、まったく儲かりません。では、当初の目的の60歳から70歳の顧客獲得の目標はどこに行ったのか？　という疑問が出てくるでしょう。

幼稚園、もしくは園児の保護者からの紹介はあるかもしれません。しかし、年に1名あるかないかです。

それよりも、メガネをほしがっている人が行くところにアプローチする必要がありました。

それが眼科でした。

眼科の先生は街頭でチラシを配ったり、または営業に行くことはほとんどありません。実際、街頭で眼科医院のチラシをもらった人はほとんどいないでしょう。眼科の先生に、どのようにアプローチするのかが問題です。そこで幼稚園が関係してきます。

幼稚園と提携していること。その園児をまとめてご紹介してもいいかとお伺いします。

「患者様が増えてしまいますが、お客様をご紹介してもご迷惑ではありませんか?」

答えは、ほとんどの場合ＯＫがもらえます。

そこで、「園児がメガネが必要な場合に関しては、私の店をひと言紹介していただくだけで結構です」というお願いをしておきます。

そうなると、他のお客様にも私の店を紹介してくれるようになりました。

園児は、１人で眼科には行きません。親が一緒に行きます。

そこで私の店の紹介をしてもらうことによって、もしその園児の親がメガネが必要な場合、私の店に来てくれる可能性が上がるということです。

さらに、園児の後ろには60歳から70歳の顧客も隠れています。自分の孫がお世話になっているメガネ店には行ってみたいと思うものです。ここで、やっと私の店はほしい顧客を獲得することができるようになります。

さて、私の店はほしい客層、売上げを手に入れることができましたが、それ以外にもとても大きなものを手に入れることができました。それは、地域の信頼です。公共機関の幼稚園と提携したことで、地域での信頼度が上がります。さらに眼科、つまり病院の先生という立場からの推奨をもらったことで、さらに信頼度が増すことになり、私の店自体のブランディングにつながりました。こうした結果、競合店が入り込めない地位を確立することができました。

提携を行なうときには、自分の店の商品をもっと便利にできる会社や、価値の上がる店を考えます。また、あなたの商品を使う前後のタイミングで使う商品を持っている企業と提携することがポイントです。

提携を組むためのワークシートは、こちらからダウンロードしてください。

ダウンロードアドレスは、
http://1legend.com/stepmail/kd.php?no=EvtjcEvIRnM

5 提携を使った三越の事例

最後は、最近行なわれている提携から提携のパターンと組み方の事例検討、さらに提携の組み方の手法を深めていきましょう。最近行なわれた提携で有名なのが、三越百貨店とある企業です。

三越百貨店は、昔から外商に力を入れている企業です。しかし、昨今の顧客の高齢化に伴い、現在外商顧客数が徐々に減ってきていることが懸念材料であり、問題点でした。今後、いかに外商顧客数を増やして、売上げを拡大していくかが課題のひとつでした。

では、ここで問題です。

高年齢、中年齢層の顧客との信頼関係が強く、外商顧客になり得る既存客を数多く持っている企業にはどんな企業があるでしょうか？　つまり、その企業こそが三越百貨店が提携をしたい一番の相手になるのです。

それでは、答えです。

提携したのは、郵便局です。

郵便局は、もともと国営ということで高齢客にとって信頼度の高い組織でした。いわゆる田舎の過疎の村などにおいても、確実に存在する地域密着型と呼ぶにふさわしい組織です。郵政民営化が起こった後でも、家まで郵便物を配達に行くことで、とくに地方に行けば行くほど、顧客との関係が他の企業よりも密であるところが最大の強みです。

その郵便局が扱っている商品・サービスには、窓口での郵便物や積立貯金などだけでなく、学資保険や生命保険などの保険商品、または季節になると販売される、ふるさと小包便というカタログギフトという商品がありました。しかし、今後の郵便局の商品を用いた売上げを考えると、先が厳しい状況はある程度予測がつくものでした。

たとえば、生命保険などの保険商品は、一度加入すると、次の商品や他の商品へのアプローチが難しいという難題があります。また、ふるさと小包も、商品のラインナップが基本的には食料品のみの取り扱いしかありませんでした。

つまり、初めは目新しくて購入してくれていた顧客も、何度も購入しているうちに、毎回同じような商品のため飽きてしまうという課題があり、そこも問題点とされていました。

そこで郵便局としては、今までの既存客に新しく訴求できる商品がないかを探していました。しかし、もともと自社で販売する商品を開発するということをしていなかった郵便局は、商品開発をする術がありません。

郵便局がこれから商品を開発するには、資金と時間が膨大にかかってしまいます。仮に開発できたとしても、必ず売れるという保証はどこにもありません。そこで、自社が持っていない商品を持っている企業を探していました。

そこで、三越百貨店との提携に至ったわけです。

では、ここで三越百貨店のメリットをまとめてみましょう。

・顧客からすると、もともと国営で昔から関係のあった郵便局員が勧めてくれる商品なら間違いないということで、商品に対しても抵抗感がなく、信頼度が高く、購入に至やすい。つまり、商品の買上率が非常に高いため、売上げが上がる。

・今まで自社では知り得なかった、新しい顧客に自社商品を販売してもらえるため、新規顧客への販路が広がる。

・郵便局のリストにおいて、郵便局員が自社商品を販売してくれるため、顧客リストが自然と拡大する。

・今まで外商に出ていた社員の一部を百貨店売場の店頭に配置できるため、接客人員が増えることによって、売場の売上げが向上する。

では次に、郵便局側のメリットをまとめてみましょう。

・今まで販売してきた商品と違った新しい商品を販売できるため、スタッフのモチベーションが上がった。

・今まで商品がないために、顧客の要望に応えられなかったことでも、三越百貨店と提携することで、商品を顧客に積極的に提案できるため、顧客満足度アップにつながる。

・顧客が、今まで購入してくれていた商品と三越百貨店の商品を一緒に購入してくれるため、買上率と買上単価が増大した。
・顧客が困っていることを解決できる商品が提供できるため、郵便局員と顧客との信頼関係がさらに向上する。
・いろいろな商品を見てもらえることによって、結果的に郵便局の商品も販売する機会が増えるため、郵便局側の売上げも増大する。

こうした両者のメリットが合致して、三越百貨店と郵便局の合同会社『株式会社JP三越マーチャンダイジング』が発足することになりました。

これは、たったひとつの提携で、新しい企業まで立ち上がってしまったというとても大きな事例です。

8章

一気に口コミを増やして売上げを伸ばす、口コミ操作をしよう

1 口コミが発生する瞬間とインフルエンサーを見つける準備をしよう

本章では、口コミによる顧客獲得方法についてお話ししていきましょう。

私は口コミについて、講演会やセミナーでいつもこんな質問をしています。


〝口コミというものに対して、あなたはどんなイメージを持っていますか？〟

すると、ほとんどの会場で共通した答えが返ってきます。

その答えというのは、

「口コミは顧客の気分しだいだし、なかなか広がっていかない」

「いつ誰がどこで口コミをしているのか、さっぱりわからない」

「口コミなんてものは、そもそも当てにはならない」

というものです。

みなさんが思う口コミに対する意識がそこで止まっていることが、少し残念に思う瞬間でもあります。

しかし、逆に言うと、「顧客の気分をうまく引き出してあげれば、広がっていく」ということです。

そして、いつ誰がどこで口コミをしているのかが把握できれば、もっと強力に口コミは広がります。

口コミが、どんなチラシや販促よりも強力であるか、残念ながらまだご存知ないだけかもしれません。これからに期待が持てます。

また、飲食店のオーナーの方にお聞きすると、「会社や家族と離れた自分だけの空間のこの店に通っているのを知られたくない」、「自分が通っている店が混みだすと、席が確保しにくくなるのが嫌だから人には勧めない」というお客様の意見もあるようです。

たしかに、なるほどと頷ける意見です。

ここでも、逆から言うと、自分の落ち着ける空間を、どうすれば口コミしたくてたまらないようになるでしょうか。自分が通っている店が混んでも、いつも自分のための席が用意されているとしたら、どうでしょう。いつも自分の席があれば、他のお客の存在は関係ありませんよね。

つまり、口コミというものは、顧客が誰かに話したくなる、話したくてたまらない、そんな心境を作ることがもっとも大切なのです。

その心境は当然、人によって違います。ならば、その心境になりやすい人に口コミをお願いすることが、もっとも確実で早道になると思いませんか？

そこで、お勧めしたいのが、〝インフルエンサー〟を探すという作業です。

〝インフルエンサー〟って何？　と思う人もいるでしょう。

インフルエンサーとは、口コミを拡散してくれる人のことを指します。

インフルエンザという拡散能力の強い病気をあなたも知っているでしょう。インフルエンザは、空気感染、飛沫感染などで近くにいる人にどんどん感染していきます。だから、隔離やマスクが必要とされます。

話を戻しましょう。

つまり、私たちの店のことを空気感染や飛沫感染させてくれる人。その人こそが、インフルエンサーなのです。

「たしかに理屈はわかった。でも、インフルエンサーって誰？　そもそもどこにいるの？うちの店には、そんな顧客はいないんだけど……」

そう思ったあなた、今はそれでまったく問題ありません。

これからインフルエンサーを探し、見つけに行く準備を伝授していきましょう。

この準備は、インフルエンサーを見つけるうえで、私たちの考えをまとめるためにとても重要なポイントとなります。

ここで、次の4つの質問に答えてみてください。

1　あなたは行きつけの店でどんなことをされたら、うれしくなりますか？

2　あなたは行きつけの店でどんなことをされたら、家に帰って家族に話したくなりますか？

3　あなたが接客していて、お客様が一番喜んだことは何ですか？

4　あなたの店にお客様が来店する理由は？

さあ、どんな答えが浮かびましたか？　それこそが、口コミが発生する心理なのです。

口コミが発生するためには、4つの瞬間があります。その4つの瞬間とは、

・顧客が期待していないことに対して、店からサービスを受けた瞬間
・顧客が期待していた以上の接客やサービスを受けた瞬間
・顧客が参加したことによって、店と一体感が味わえた瞬間
・顧客が、この店を誰かに話すと得をすると感じた瞬間

となります。

2 インフルエンサーの見つけ出し方

インフルエンサーを見つける準備ができたところで、実際にインフルエンサーを探しに行きましょう。そもそも、インフルエンサーとはどんな人で、どこにいるのでしょうか？

インフルエンサーになってもらうためには条件があります。

インフルエンサーによる口コミには、広さと強さの2種類があります。

広さと強さを兼ね備えていることがもっとも望ましいのですが、なかなかそのような人物

を見つけることは困難だし、たとえ見つかっても、説明してインフルエンサーになってもらうことはかなりハードルが高いと言えます。

となれば、その口コミ効果を持っている人を1人だけに限定する必要はありません。


口コミを拡散するための〝広さ〟をメインとするインフルエンサーと、〝強さ〟をメントするインフルエンサーは別々の人でもいいわけです。

すべてを1人に任せてしまうと負担が大きく、重荷になってしまったり、そのインフルエンサーが引越しして、インフルエンサーを卒業されたような場合には、一気に口コミ効果が弱くなってしまうことが考えられます。

そうならないためには、〝広さ〟、〝強さ〟のどちらかに比重を置いたインフルエンサーを複数作っておくことが大切です。そうしておくと、情報を拡散してほしいときは〝広さ〟担当のインフルエンサーを集めてお願いすれば、広がり効果を見込むことができます。

また、イベントなどで集客をしたい、創業祭などでその場で売上げがほしい場合は、〝強さ〟担当のインフルエンサーに集まってもらい、口コミをお願いすればいいわけです。


しかしここで、疑問が生まれるかもしれません。

〝広さ〟担当、〝強さ〟担当と言うけれど、そのインフルエンサーに、「あなたは広さ担当です」と伝えるのか？　ということです。

もちろん、そんなことを伝える必要はありません。あくまで、インフルエンサーは店に関わるといいことがあるという域を脱していない、〝身内化〟一歩手前の状態のお客様です。

そのようなお客様に○○担当などと言ってしまうと、利用されている感じがするので、口コミどころか、店を嫌いになってしまうことが考えられます。

というわけで、インフルエンサーには、店のモニターなどになってもらい、口コミをしっかりしてもらえるだけの関係を築いておくことが何よりも大切です。

では、そのインフルエンサーの資質と担当パターンをお伝えしていきましょう。

A群（広さ）

①おしゃべり好き
②地域の中でコミュニティーを持っている
③自分の店に好意を持ってくれている

B群（強さ）

①地域の女性に影響力がある
②地域の中で先生と呼ばれるような人
③顧客との対話の多い商売をしている人

このA群の中から最低ひとつ以上、B群の中から最低ひとつ以上の組み合わせを備えていることが、インフルエンサーになるための重要かつ必須条件です。

では、A群とB群の、それぞれの組み合わせを説明していきましょう。

①おしゃべり好き＋①地域の女性に影響力がある

女性は男性よりもおしゃべりが好きで、かつ買い物量も女性のほうが多いでしょう。そのため、買い物の好きな女性の中で、おしゃべりが好きでグループの中心になっているようなインフルエンサーを見つけると、広い口コミ効果が期待できます。

①おしゃべり好き＋②地域の中で先生と呼ばれるような人

地域の中で先生と呼ばれるような人、たとえば地元の名士の方やお花、お茶、ヨガやダンスなど地域の人に何か教える先生という立場の人は、それだけでも人に与える影響は絶大です。さらにその先生の中でも、おしゃべりが好きな人であれば、なおさら口コミの拡散力は強力となり、強い口コミが発生しやすくなります。

①おしゃべり好き＋③顧客との対話の多い商売をしている人

顧客との対話の多い商売をしている人であれば、基本的におしゃべりが好きな可能性が高いということは考えやすいでしょう。さらに、店であれば私たちも日々経験しているとおり、毎日多くのお客様と会って対話をします。そこで口コミ効果が期待できます。店のスタッフや店主が他の店を勧めると、同じ商売をしている人からの口コミなので、説得力のある口コミとなります。

②地域の中でコミュニティーを持っている＋②地域の中で先生と呼ばれるような人

このパターンは、非常に強い口コミと広さが期待できます。なぜなら、地域の中でコミュニティーを持っている先生の言うことは、強い口コミ効果が期待できるからです。

②地域の中でコミュニティーを持っている＋③顧客との対話の多い商売をしている人

地域の中でコミュニティーを持ちながら、顧客との対話の多い商売をしている人というのは、顧客とのつながりが強く、友人のような関係になっているでしょうから、インフルエンサーとして絶好の資質があるため、これも強い口コミ効果が期待できます。

③自分の店に好意を持ってくれている＋③顧客との対話の多い商売をしている人

顧客との対話が多い商売をしていて、さらに私たちの店に好意を持ってくれているため、多くのお客様に対して声がけをしてくれる可能性があり、拡散回数が多くなります。ここでは、広い口コミ効果が期待できます。

意欲の高い方ほど、「すべてやるのはたいへんです！　私にできるだろうか？」と考えてしまうかもしれませんが、すべてをいきなりやる必要はなく、この中で一番自分の手のつけやすそうなところからはじめてください。小さくはじめて、失敗したら改善しながら、繰り返していけばよいのです。

3 モニター会で一気に〝身内化〟を広げよう

インフルエンサーが見つかったら、今度はそのインフルエンサーをどうやって店の身内として活躍してもらうか？　というところに目を向ける必要があります。

そこで必要となるのが、モニター会です。

〝身内化〟については1章でも触れましたが、ここではさらにくわしい内容についてお話ししていきます。

インフルエンサーを見つけたとはいえ、快くインフルエンサーの役割を担ってくれるとは限りません。

いきなり店に呼び寄せて、「モニターになってください」、「口コミをしてください」、「広告塔になってください」と言ったところで、急にそんなことを言われてもお客様も困ってしまいます。もちろん、なかなかいい返答はもらえません。

その状態は、まだインフルエンサーではないのです。いわゆる、インフルエンサー予備軍というわけです。

つまり、インフルエンサー予備軍のその人を立派なインフルエンサーに育て上げなければならないということです。

では、インフルエンサーとして育て上げるにはどうすればいいのでしょう？　まずは、そのインフルエンサー予備軍の人に来店してもらい話を聞いてもらうことが最初のハードルです。

そして、その次の段階は、店のことを好きになってもらうことです。好きになって、店の方針やビジョンに共感してもらうことが必要です。

しかし、どうすればそんなにうまくいくの？　という方にオススメなのが、〝モニター会〟というものです。「座談会」というネーミングでもかまいませんが、座談会よりもモニター会とすることで、参加するメリットが明確に伝えられます。

では、モニター会の具体的な開催方法についてお話ししていきましょう。ひとつのポイントを押さえれば、とても簡単にできる方法です。ぜひ、実践してみてください。

モニター会を開催することによって、顧客の定着化によるリピート率の向上と紹介による新規客数アップにつながり、とても効果的です。

では、開催方法です。

①店のＶＩＰ客（売上げ金額上位５％と購入回数上位５％）の顧客にモニター会を開催する旨のお知らせをします。

売上げ金額上位５％の顧客をピックアップする理由は、本当に店のことが大好きな顧客だからです。本当に好きな店でなければ、そんなに店にお金を落としません。

売上げ金額上位５％に入る顧客は、店のことが大好きで、この店のために貢献してあげたいという意識を持ってもらいやすい状況になっている可能性が高いということです。つまり、もっとも〝身内〟の状態に近い存在と言えます。

次に、購入回数５％の顧客をピックアップする理由についてお話ししましょう。

購入回数が多いということは、それだけ店のことをよく知っている顧客だし、よく知ったうえで来店し、購入してくれていると言うことができます。

さらに、購入回数が多いということは、スタッフの顔もよく知っていて、店に対して親近感を持っていると考えられます。つまり、インフルエンサーとしての条件を十分に持っている顧客と言えるのです。

しかし、モニター会のこの上位5％ずつの顧客だけでは、なかなか口コミは拡散していきません。なぜならば、店のことを知っている顧客だけでなく、店のことをよく知らない人に対して情報を持って帰ってもらったうえで、口コミを拡散してもらうことが必要だからです。店のことを知っている顧客の拡散だけでは限界があります。その拡散の触手を地域に広げて、口コミを拡散するほうが口コミ量が増えて、確実に拡散できる強さを持っているのです。

そこで、地域の中で見つけたインフルエンサーと、このモニター会の顧客が顔合わせをして情報共有、コミュニティーを作成することが大切なのです。

店のＶＩＰ客とインフルエンサーがモニター会で融合することにより、地域の中でのコミュニティーとパイプを太くすることができます。

では、そのモニター会でやるべきことは、

①メニュー開発
②価格の決定

③見せ方（商品の陳列）

④プロモーション

を顧客の生の声を聞いて、その場で〝即決採用〟することです。ここが一番気をつけるポイントです。

せっかく参加したモニター会で、答えが「ありがとうございます、検討します」では、モニターをした意味がないし、自分の意見が採用されたという感覚を持つことなどとてもできず、アドバイスのやりがいが感じられません。

わざわざ参加してくれたモニターの意見は、できるだけ全面的に受け入れる演出をすることが必要です。

飲食店であれば、新開発メニューの試食モニター会を開催し、その場で味に対するアドバイスや追加アイデアをもらいます。そして、その商品のネーミング案をもらいます。さらに、そのメニューの価格の意見をもらいます。そして、そのメニューの打ち出し方についてもアドバイスをもらいます。

この状態がわかりますか？

自分たちが意見を出したメニューを、店主がその意見を元にさらにアレンジし、自分たちでネーミングを決め、価格をも決めてしまうということなのです。そこで、このメニューは自分たちが一緒に考えて作ったメニューだという自負が参加者の中で生まれます。

その場でひとつのことを一緒にやり遂げたことによって、インフルエンサーとＶＩＰ客の関係が密で強いコミュニティーとなり、自分たちがメニューを作った責任をはたそうという気持ちが起こりやすくなります。

ここでのポイントは、そのモニター会の場を写真に撮り、ＰＯＰにして店内に貼り出すことです。

そして、そのＰＯＰの横にできあがったメニューを貼り出し、さらにその横にそのメニューを食べたお客の感想を貼り出すのです。

つまり、店内での配置は、

モニター会の写真

その商品開発に関わってくれたモニター会の参加者の名前を書いたPOP

食べた顧客の喜びの声を書いたPOP

このPOPを見ることによって、メニュー開発に関わったモニターは、自分たちが作ったメニューを他のお客様が喜んでくれているという自負を持ちます。そうなると、自分の存在価値を感じられるし、何よりうれしいものです。店に知り合いを連れて行く回数や連れて行く人数は必然的に増えます。また、そのPOPを知り合いが見て、そのことが会話の中で出たときに、どう思うでしょう?

もちろん、鼻が高いことでしょう。

モニター会を開催するだけで、モニターの存在価値を上げ、社会的価値を上げることになります。それが、強い口コミと拡散力の広い口コミを起こす原動力となるわけです。

4 口コミしやすい媒体と経路を増やそう

口コミがうまくいっている店とそうでない店とはどう違うのでしょうか? 口コミが拡散しやすいか、しづらいかの違いは何でしょうか?

恋愛にたとえてお話ししてみましょう。

自分の親友を、ある女性に紹介すると想像してください。

そのとき、親友を女性に何と言って紹介するでしょうか？

相手がよくわからない言葉で、しかも曖昧な言葉で親友のことを説明して、その女性は親友のことをちゃんと理解できるでしょうか？　まず理解してもらえないでしょう。

そこで親切なあなたは、紹介する親友の写真を用意してきました。すばらしいですね。でも、その写真は集合写真で親友の顔が小さくてよく見えません。

さあ、その女性はどう感じるでしょうか？

その紹介を受け入れることはできないでしょう。


ここで、本題に戻して考えてみましょう。

「相手がよくわからない言葉」というのは、業界用語や専門用語のことです。

また、「曖昧な言葉」というのは、店の特徴が曖昧だということです。

写真も同じです。全体写真となると、商品の情報が多すぎて、どれがその商品なのかさっぱりわかりません。

さらに、親友の顔が小さくてわからないと、どの商品がオススメなのか混乱してしまいます。

そこで、「ちょっと考える」「また返答する」など曖昧な答えが返ってきます。

それはそうですね。わからないことだらけで紹介を受けるかどうかは決めきれません。

結果的に、その女性はあなたのせっかくの紹介を受け入れられませんよね。


ちょっと笑ってしまいますが、私たちは口コミをお願いするときに同じことをしてしまっていることが多いのです。

インフルエンサーが理解しやすい言葉で説明するだけでなく、そのインフルエンサーがさらに第三者に自分の言葉できちんと伝えられるような、わかりやすい言葉やツールを用意してあげることがもっとも大切になります。


自分が紹介する人のことをよく理解していない、どんな言葉を使って口コミをすればいいのかがわからなければ、うまく説明できないからやめてしまうでしょう。よくわからないから、口コミをすること自体を諦めてしまいます。

また、面倒に感じて、口コミをすること自体を拒否してしまうことにもなりかねません。

そうならないためには、インフルエンサーが確実に表現できる、わかりやすい言葉にして伝えてあげることが必要です。

たとえば、チラシ、名刺、ツールを使って、説明をしなくてもツールを見せれば、すぐに商品やサービス内容がわかるものを用意すれば、口コミをしやすいし、インフルエンサーも口コミすることに抵抗や億劫さを感じなくてすみます。そして口コミ件数が増えやすく、誤解することなく、確実に店の内容を伝えることができます。

なぜ、このような誰が聞いても同じ認識を持つ言葉やツールが必要なのかというと、人は聞いた内容に対して自分の感情を持ち、その主観によって事実を変えてしまうことがあるからです。それはもちろん、悪いことではなく、そのインフルエンサーの主観が入るために口コミの説得力が強くなるということもありますが、行き過ぎて間違った認識を生んでしまうことがあるのです。

そうならないために、商品を使った満足度やどんな状況で使うと便利なのかなど、具体的な例は主観をまじえて伝えてもらってもいいのですが、商品の内容やサービス内容は主観を入れずに、事実として確実に伝えてほしいわけです。もし、誤解してしまったお客が来店してしまった場合、その誤解を取り除く説明をしなければいけません。

その際、インフルエンサーが悪者になってしまうかもしれません。「あの人がこの店はいいよ！　と言っていたから来たのに、あの人のことは信用できない」ということになってしまったら、インフルエンサーの顔に泥を塗ってしまいます。そうなると、今度は悪評の口コミが発生してしまうという恐ろしいことなります。それだけは、絶対に避けなければいけません。

せっかく見つけた、最高の味方であるインフルエンサーに、気持ちよく、楽しく口コミをしてもらうためには、私たち店の人間の下準備が必要になるということです。

口コミが起こりにくい、口コミをお願いしても、なかなか紹介客が来店しないと感じている店は、ほとんどの場合、インフルエンサーに口コミしやすい言葉とツールを渡していません。もし、言葉とツールを伝えているにもかかわらず、口コミが拡散しないようであれば、伝えやすい言葉の見直しが必要かもしれません。その言葉の中に、

あなたの店に来る対象客は誰か？

来るとどうなるのか？

そのために商品はどんなものがあるのか？

実績は？

費用は？

これらのことが盛り込まれていない可能性があります。

もちろん、ツールにも同様のことが言えます。これらがすべて揃った状態でこそ、口コミは拡散しやすくなるということになります。

5 顧客が顧客を接客することで満足度の上がる仕組みを作ろう

さあ、どうでしょう？　あなたも口コミに対する印象が変わってきたのではないでしょうか？

口コミは、ただ単に集客のときだけに活躍する施策ではありません。と言うのは、口コミは集客後にも、さらにメリットがあります。それは、顧客の満足度を上げる仕組みができることです。

通常、口コミによって来店されるお客様は、ほとんどの場合1人で来られるようです。しかし、本章のような口コミの手法を使えば、自然発生的な口コミよりも強い口コミが生まれやすくなります。結果的にどうなるかと言うと、店の〝身内〟になったＶＩＰ客およびインフルエンサーが、自分の知り合いや家族、友人を同伴で店に連れてくるようになります。

一緒に来店したお客様が買い物をするときに、身内客であるＶＩＰ客やインフルエンサーがどんなことをするか？　物販店であれば、身内客が紹介客と一緒に買い物をします。そこで身内客は、スタッフの代わりに接客をして商品を販売してくれるのです。この状況は、店が混んで人手が足りていないときには正直な話、とても助かります。

接客はその身内客に任せておいて、その間に他のお客様の接客ができるので、顧客の取りこぼしがないのです。つまり、機会損失が起こらないということです。その後、手が空いてからそのお客様を接客すればいいのです。うまくいけば身内客も、接客している間に自分もほしくなって買ってしまうということが起こるため、まさに一石二鳥というわけです。

また飲食店あれば、紹介されたお客様が1人で来ることもありますが、ほとんどの場合は身内客と紹介客が一緒に来店するため、紹介客と初めて出会ったスタッフでも、何の情報もない状態から関係を築いていくよりも、はるかに早く関係を作ることができます。

また、身内客が店の成り立ちやスタッフのこと、店主を紹介してくれるため、店自体やスタッフ、店主とも打ち解けやすくなり、今後の密な関係を作りやすくなります。

たった1回の来店でも、店のスタッフや店主と仲よくなると、ここは自分に合っている店だと感じることができます。そうすると、今度は紹介客が、また別の紹介客を連れて来るといった具合に、顧客紹介の口コミが芋づる式に広がって行くわけです。

まったくの一見客よりも、口コミによる同伴で来店する顧客のほうが、結果的には店での満足度が高く、1人で行った店ではないため、〝○○さんに連れて行ってもらったあの店〟という認識が頭の中に残ります。

つまり、記憶に残る忘れられない店として、脳にインプットされるのです。

ここで、私が勤務していたメガネ店の事例をお話ししましょう。

私の店では〝身内客〟が連れの友人のメガネのフレームを一緒に選ぶということが普通でした。通常ではほとんど起こらない現象です。

連れのお客様のメリットとしては、店のスタッフである私と〝身内客〟の2人にメガネのフレームのデザインを、相談し、選んでもらえるわけです。

仲のいい友人が一緒に選んでくれたメガネのフレームは、店のスタッフの声だけによって選択したものではないため、「この商品は間違いない」「私に似合っている」と自信を持って購入することができるわけです。

最終的には、時間をかけて友人と店のスタッフの2人から選んでもらえたことに対する〝安心感〟で買い物をして満足度が上がっていきました。

実際、私が勤務していたこのメガネ店の接客および満足度は、口コミ方式による2人接客、もしくは顧客が顧客を接客するという体制をとってから飛躍的に伸びていきました。

その後、私の店では、メガネのデザインを選ぶときには、1人のスタッフが接客するのではなく、できるだけ複数のスタッフで接客をして、満足度と安心感を持ってもらえるように演出するようにしました。

複数のスタッフが接客する意図は、もうひとつありました。それは、顔を知っているスタッフが多くいるため、来店することに対して安心ができるということです。

せっかく一度満足した店に次回来店したときに、顔を知っているスタッフが誰もいないと、誰に話しかけていいのか戸惑ってしまいます。また自分のことを一から話さなければならないという億劫さを感じて、来店することが嫌になってしまうお客様もいます。

そうならないようにするためには、紹介客とスタッフが一緒に接客する、または複数のスタッフで接客する仕組みを作れば、顧客はいつでも安心して来店できるようになり、さらに口コミは発生しやすくなります。

お客様が安心して来店できる仕組みのある店は地域に溶け込んで、繁盛店となりやすいものです。

9
章

顧客データの賢い運用で長期的に売上げを安定させよう！

1 新人でも簡単にできる顧客データの取得法とは？

顧客リストの大切さは、今にはじまったことではなく、昔からとても重宝されてきました。なぜ、顧客リストはそれほど重宝されてきたのでしょうか？

実は、江戸時代から顧客リストは、顧客台帳として〝大福帳〟と呼ばれていました。商人は火事が起きたときには、何よりも先に大福帳を井戸に投げ込んで、燃えないようにして、火が収まったら井戸から取り出して、また商売をはじめたと言われています。つまり、大福帳、いわゆる顧客リストさえあれば、たとえ火事や災害があろうとも、やり直せるとされていました。それぐらい大切なものだということです。

現代の店においても、リピート客とコンタクトを取る、またはイベントを行なうときに使うためのとても重要なものであることは、あなたもご存じの事実でしょう。

しかし、顧客リストが少ない、思うように顧客リストを手に入れることができないという店があります。どうすれば、顧客リストをうまく手に入れることができるのでしょうか？

実は、ベテランのスタッフでもなかなかうまく顧客リストを手に入れることができないという方もいるようです。

しかし、顧客リストがなければ、顧客とのコンタクトが取りづらく、顧客が店に来てくれるのを待つだけになってしまうため、そのうちに顧客に忘れられてしまうことから、残念ながら売上げが伸びない店となってしまいます。

そうならないためには、顧客リストが日々どんどん増えていくことが望ましいと言えます。顧客リストは、熟練したスキルのあるスタッフだけが取れても意味がありません。社員だけでなく、アルバイト、もっと極端に言えば、今日入ったアルバイトでもすぐに取れるような仕組みづくりが必要なのです。

しかし、顧客リストが増えない店には、理由があります。

ちなみに、弊社で顧客リストをもらえない、増えない店の方にヒアリングしたときの答えがあります。それがこちらです。

・きちんと書いてもらえと言っているんだけどね
・忙しくて、ついもらい忘れてしまうんです
・顧客リストをどうやってもらえばいいのかわからない

・顧客の個人情報をもらうことに抵抗がある
・個人情報を書いてくださいというひと言が言い出せない
・個人情報を書いてくださいと言って断わられるのが怖い
・個人情報を書いてくださいと言ったら、嫌な顔をされたら嫌だ
・個人情報を書いてくださいと言ったら、お客様が嫌がって店に来なくなったら困る

どんどん出てきます。

では、なぜ顧客リストを増やせないのでしょうか？　いや、増やすことを無意識に拒んでいるのでしょう？

・顧客リストにそこまで価値を感じていない
・顧客リストをもらうことが悪いことだと思っている
・顧客リストのうまいもらい方がわからない

の3つがほとんどの理由です。

これらの、いわゆる苦手意識を払拭するためには、誰でも、たとえ今日入店したばかりの新人でも簡単に顧客リストがもらえる、かつ、顧客が喜んで個人情報を提供してくれる仕組

みを作ることが重要です。

では、新人でも簡単にできる顧客リストの取得法とは?

①名刺交換
②名刺BOXの設置
③特典つきアンケートの実施

などが挙げられます。

①名刺交換

接客に入るときに、挨拶をするような形で名刺をお渡しして接客に入ることでお客様に名前をおぼえてもらいやすくなり、警戒心を下げることができます。しかし、店に入っていきなり名刺を渡されると、売り込まれる感じがするので逆効果です。話が少し弾んでアドバイスを求められたときに、「私が責任を持って対応させていただきます」という形で名刺を差し出します。そうなると誠意が伝わるし、お客様との距離がさらに縮まり、いざ個人情報を記入してもらうときにも抵抗なく記入してくれるようになります。

さらに、顧客リスト登録や会員登録をするメリットをお伝えすることができれば、気持ちよく記入してもらうことができます。

②名刺ＢＯＸの設置

レジ前に名刺ＢＯＸを設置することと、抽選で景品や割引券が当たるというような楽しみを演出することで、名刺ＢＯＸに名刺を入れてもらうことができるようになります。

ここでも、やはり大切なのは、お客様のメリットをしっかりＰＯＰで伝えること、接客スタッフがひと声かけることです。

ここに③の要素も同時に混ぜてしまうことで、お客様が個人情報を登録したくなる心理を促すことができるようになります。

お客様が個人情報を書きたくなる、書かなければ損をする。

つまり、

記入するメリット＞個人情報の記入

この図式を、お客様にわかりやすく見えるようにＰＯＰを作り、さらに接客するスタッフがひと声かけることで、メリットをお客様にわかりやすく伝えることがポイントとなります。

たとえば、

「お誕生日にプレゼントが届きます」

「お得な情報がいち早く届きます」

「会員様だけの特別ご優待を受けることができます」

なども効果的です。

2 顧客データの仕分けで買上げ時期を想定しよう

今まで苦労して、お客様にちょっと嫌な顔もされて、せっかく手に入れた顧客リストを店でどうやって運用していますか？

たまにＤＭを出す？

セールの案内を出している？

もちろん、それは大切ですね。

では、そのＤＭを出して、費用対効果はどのくらい出ているでしょうか？

もちろん、費用対効果だけではありません。ＤＭを作る労力もあります。

せっかく出したＤＭの効果が薄いと、あなたのやる気が減ってしまうことがあります。スタッフを雇っている店主、店を任されている店長ならば、それだけのことで、うちのＤＭは出しているだけ、顧客リストをもらっても意味がないと思ってしまいます。

そうならないためには、ＤＭを最高の効果が出るようにしなければなりません。

そう、やみくもに数だけ打っても意味がないということです。

苦労して、がんばって手に入れた顧客リストを、せっかくならば最大限に活用して、最高の成果が出るようにしたいと思いませんか？　では、その顧客リストを最大限活用し、最高の成果が出る方法をお伝えしていきましょう。


まず、今あなたの店にある顧客リストを用意してください。

その顧客リストを２分割します。どう２分割するかというと、ＤＭを送るために使うものなので、住所が使われているか否かの選別が必要です。つまり、ＤＭがきちんと届く住所のあるものは〝生きリスト〟、住所が使われていない、転居などでＤＭが届かないものはＤＭを送っても無駄なので、〝死にリスト〟と名づけます。

ここで、いったい何が知りたいのか？

それは、自分の店の中でＤＭを出してきちんと届く顧客リストがどのくらいあるのかを確実に把握することです。つまり、〝有効リスト〟がどのくらいあるのか？　を調べて、届かない無駄な死にリストにDMを打たないようにすることです。

死にリストにDMを打っても返ってくるだけでなく、封筒、切手、ハガキが無駄になってしまいます。これらが積もり積もると、大きな損を生んでしまうことになります。その無駄を省いて、有効なリストへ資金を回すということです。

しかし、出してみないとその住所が正しいのかどうかわからない場合は、一度DMを打ってみて〝生きリスト〟か〝死にリスト〟なのかを把握する必要があります。

整理法としては、〝生きリスト〟と〝死にリスト〟は別々に管理しておくこと。そして、〝死にリスト〟の顧客が来たら、その顧客に住所を確認できるようにしておくことが大切です。

〝死にリスト〟を蘇らせるためには、その顧客に電話をするのも有効です。

「お買い上げいただいてから○○年たちますが、調子はいかがでしょうか？　実は、大切なお手紙をお送りしましたが、返ってきてしまいました。再度ご住所の確認をさせていただいてよろしいでしょうか？」というような内容の電話をすれば、リストを再生することができます。

そこで電話番号が使われていなかった顧客は、〝完全な死にリスト〟になるということです。

ここで注意しておかなければならないのが、〝死にリスト〟だからと言って、そのリストのデータを消去したり、捨ててしまわないことです。〝死にリスト〟はその顧客の来店によって住所の確認ができれば、〝生きリスト〟として生き返らせることができるからです。

ここでのポイントは、

①生きリスト数の把握

②死にリストの蘇生

になります。

前述しましたが、それによって無駄なＤＭを作る労力と無駄なＤＭにかかる経費を抑えることができます。

では、その次のポイントです。

〝生きリスト〟と〝死にリスト〟の仕分けができたら、今度は〝生きリスト〟のみにフォーカスをしていきます。

生きリストの顧客にアプローチするのです。

その顧客の購入した商品の買い替えサイクルを調べて、点検や調子伺い、新商品の案内などをその買い替え時期の少し前に出します。

これは物販の店だけと思われるかもしれませんが、飲食店でも同じことが言えます。

自分の店に顧客がどのくらいの頻度で来店しているのかを知って、その時期に合わせたDMを打つことで、顧客の来店頻度を上げることができます。

生きリストに対してアプローチのタイミングをうまく使えば、顧客の来店頻度を上げ、買上げのきっかけができます。そうすることによって、競合店やネットに顧客を奪われない予防線をあらかじめ引いておくことが可能になるのです。

3 顧客データの分割管理でDMの効率を上げよう

顧客リストを2分割し、有効リストが見つけ出せましたね。

今度はその有効リストを活用して、効果的なDMを打つ方法をお伝えしていきます。

有効なDMを打つためには、まず顧客リストを知り尽くすことが大切です。

顧客が、どんな商品をどの時期にどのくらい購入しているのか。

また、どの商圏に住んでいる顧客が何時ぐらいに来店しているのか。

さらに、顧客の来店頻度、購入回数、購入金額、購入点数を知ることで、やみくもなDM

顧客に響くDMを作るための4つの分類

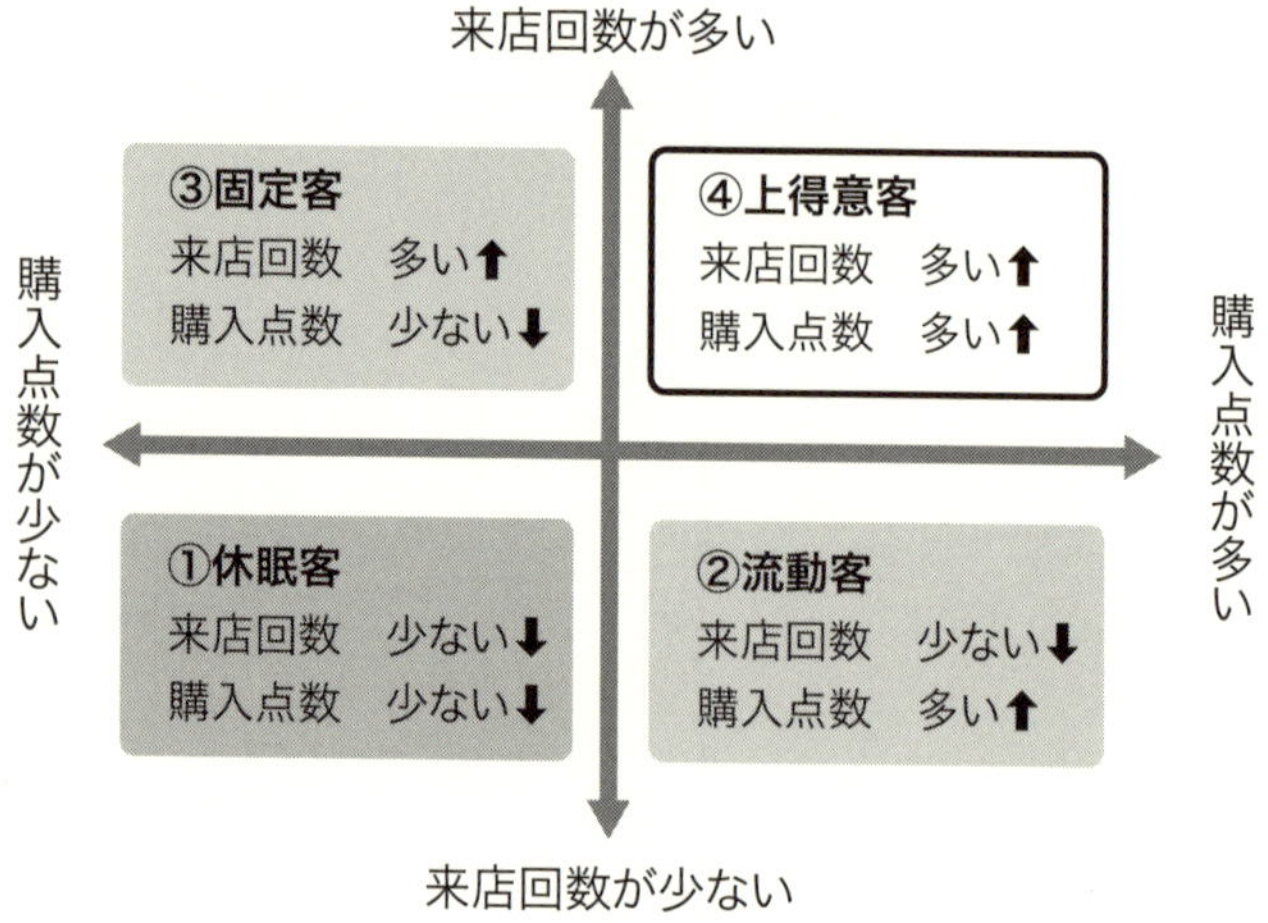

を打つことがなくなります。つまり、確実に当たるDMができるわけです。

今まで、すべての顧客に同じDMを送っていたという店には少し手間がかかるかもしれませんが、一度この仕分けをしておくと、今後は顧客の行動を先読みした、個々の顧客に響くDMが作れるようになります。その方法は、顧客を上図のように4分割することです。

つまり、各顧客の特性によって起こしてほしい行動が違うので、それぞれの顧客に合わせて、こちらの思う行動を起こしてもらうことを目的にDMを作っていきます。そのDMを作る分析として、この4分割の図を活用します。

①来店回数が少なく、購入点数が少ない顧客群（休眠客）

この場合は、休眠客と考えられます。休眠客というのは、何かしらの理由で自店から離れてしまっている顧客のことです。何とかして再度、店に来てもらいたいものです。

この顧客には、売りのDMはほとんど響きません。それは、すでに店に興味をなくしているか、来店しない理由があるからです。

となれば、ここ顧客群には、

・イベントや体験会の招待券
・来店プレゼント

など、来店のみを促すことを目的としてDMを打つことが効果的になります。

さらに、来店しない理由をアンケート調査することも必要です。

もちろん、アンケートに答えてもらう特典も必要になります。メリットを十分に感じてもらえることで、休眠客から卒業してもらうことができるようになります。

②来店回数が少なく、購入点数が多い顧客群（流動客）

来店回数が少ないにもかかわらず、購入点数が多い顧客の場合、まとめ買いの傾向があるか、目的物以外は、私たちの店で販売しているものでも、他の店で買っている可能性が考えられます。

このような顧客群は、私たちの店に興味がないわけではありません。目的物のみを購入するという活用の仕方をしている可能性があります。

この顧客には、来店スタンプカードやパンフレット（高価値）を同封したご案内DMを送ります。それで来店があれば、ここでもアンケートを用いて行動範囲とパターンを調べます。そして、この顧客群が来店しない理由を突き止めるために競合店調査を行ないます。

そこで、競合店に勝っている点、負けている点の見極めができ、戦略を立てることができるようになります。

③来店回数が多いにもかかわらず、購入点数が少ない顧客群（固定客）

来店回数が多いということは、店に好意を持ってくれていることが考えられます。たとえば、店のコンセプトや理念、テイストなどの雰囲気を気に入ってくれている可能性が高いわけです。

それにもかかわらず、購入点数が少ないということは、ほしい商品が少ない可能性があります。

この場合、「2buy1」、つまり2個買えば1個無料や、関連商品の組合せにより複数個数買いやすいような店内のディスプレイの変更が必要になってきます。

ここで、この顧客の心理として、2つの買えない理由を解消する必要があります。

それは、

①ほしい商品がない

②高くて買えない

①に関しては、商品の魅力の伝え方が弱い可能性も考えられるため、陳列場所やPOPの設置場所やキャッチコピーの見直しが必要になります。

②に関しては、顧客の平均購入単価を再度見直し、どのあたりの単価の商品が一番売れているのかを確認したうえで、店に陳列している商品の平均単価のボリュームを見直すことが大切です。

④来店回数が多く、購入点数も多い顧客群（上得意客）

来店回数が多く、購入点数も多い、まさに店を支えてくれているありがたい顧客群です。もっとも大切にすべき顧客と言うことができます。

このありがたい顧客群は、とにかく流出を防ぐことが一番大切です。

その流出を防ぐためにすることは、〝とにかく贔屓しまくる〟ことです。

では、どのように贔屓するのかですが、モニター会への参加依頼や数量を書いた特別限定DMを出して、「自分はあの店のVIPなんだ！」と感じてもらえるようにすることが必要です。この顧客群こそ、〝身内化〟するべき顧客群となります。

4 顧客データから自店の強みと弱みを見つけ、戦略を立てよう

ここまで来ると、顧客がなぜ自分の店に来店してくれるのかが想像できはじめます。また逆に、なぜ自分の店に来なくなってしまったのかも想像しやすくなります。

そこで、顧客の来店する理由としない理由をさらに細かく分析し、これから顧客が競合店に流れないようにしていくことと、競合店の顧客を私たちの店に引き込む方法の見つけ方をお話ししていきましょう。


その方法には、2通りの見方が必要です。

その2通りとは、ひとつ目は自店から見た顧客の動きと競合店の分析です。そしてもうひとつは、自店からでなく、外から見た自店についての分析です。

そして、ＤＭの効果率を算出していきます。

次の質問について考えてみましょう。
この質問に答えると、あなたの店でＤＭを出すときに「何枚出せば、何人の顧客が来店し、いくらの売上げが期待できるのか」の目安が算出できます。

①あなたの店の有効リスト枚数は何枚ですか？
②あなたの店のＤＭの平均回収率は何％ですか？
③あなたの店のＤＭの平均購入率は何％ですか？
④あなたの店のＤＭの平均単価はいくらですか？

答えられましたか？　例題として考えてみましょう。
たとえば、今回イベントの予算が15万円とします。

①有効リスト枚数が５００枚とします。
②ＤＭの平均回収率が15％だとします。

ということは、500枚のうちの15％なので、75枚の回収を見込むことができます。
③75枚のうちの平均購入率が35％だとすると、26人が購入することになります。
④平均単価が5000円だとすると、26×5000円＝13万円
となります。

つまり、このままいつもどおりにDMを発送してしまうと、確実に予算を割ってしまうことになります。


予算の15万円を達成するためには、あと2万円分の努力をしなくてはなりません。

では、どうすればあと2万円を作ることができるのでしょうか？

ここで考えることは、
①の有効リスト枚数は、今すぐ上げられるものではありません。
そう考えると、②の平均回収率と③の平均購入率と④の平均単価を上げるしかありません。

仮に、②の平均回収率を1・5％上げるように工夫してみましょう。500枚のうち（15％＋1・5％）＝16・5％が平均回収率となります。すると、500×16・5％＝82枚

の回収枚数となります。

さらに平均購入率が1・5％上がると、（35％＋1・5％）＝36・5％となり、82×36・5％＝30名となります。

平均単価はそのまま5000円とします。

30×5000円＝15万円となります。

つまり販売単価を上げるという顧客への負担をかけなくても、DMの平均回収率と購入率を上げるためのDMの工夫をすれば、必然的に売上げ予算は達成が可能になるわけです。

もう少しくわしく、やるべきことを解説していきましょう。

②の平均回収率を1・5％上げるためのDMの工夫が必要になります。

DMを出す顧客の対象と買い替えサイクル、現在使用している商品をさらに便利に使えるようにするためのアイテムの提案。それに加えて、来店特典をつけることで、来店率を高めることができるようになります。

どうでしょう？　そんなに無理な数字ではないことがおわかりいただけるでしょうか？

そして、③の平均購入率を1・5％高めるためには、期間限定の購入特典をつけることによって、購買心理をあおることができます。また、体験券や優待券をつけて、体験などで商品のお試しをしてもらい、購入したときの感覚を感じることによって、平均購入率を上げることができるようになります。

ＤＭの回収率と平均購入率を1・5％ずつ上げるだけで、顧客単価を上げなくても、売上げを15％アップさせることできるのです。

またＤＭのどこに力を入れて工夫するかで、ＤＭの効果がまったく違ってきます。その力の入れどころを見つけるためには、顧客リストをしっかり分析して、どの顧客にどんなＤＭを打てば平均回収率を上げられるのか、どんな内容の文言や特典をつければ平均購入率を上げることができるのか、を見つけることが大切なのです。

5 顧客リストの活用で競合店に負けない戦略を立てよう

顧客リストというものは、実は顧客の来店状況や単価、購入商品がわかるだけではありません。顧客リストをくわしく分析することで、自店が競合店に勝っているところ、負けているところを浮き彫りにすることができます。

そのポイントがわかれば、自店がなぜ顧客に支持されているのかという理由、なぜ他のお客が自店に来ないのかという理由がわかり、この2つの理由を内的な要因と外的な要因の2つの側面から分析することができます。

外的要因としては、顧客が自分の店をどう見ているのかもわかります。そして私たちの店が、

①商品の割には単価が高い店
②単価が高いが、商品の信頼度が高い店
③商品の割には単価が安い店
④単価は安いが、商品もそれなりの店

など、どの位置づけにあるかを把握することができます。

もっともよい位置づけは、店のコンセプトにもよりますが、②の単価が高いが、商品が間違いない店という位置づけで、顧客にとって価値のある店と言うことができます。もちろん、粗利が高いことも想像に難くありません。

また③の、商品の割には単価が安い店という位置づけは、顧客が価格よりも商品の価値を感じてくれているということです。顧客の価格への価値観はありますが、顧客へのサービスや接客のよさも感じてもらうことができている可能性が高いとも言えます。

ここで大切なことは、上記の理由は何なのか？　という原因を見つけ出し、これからの戦略を立てることにあります。そこで、顧客リストは今まで来店し、購入してくれた顧客の生の声の塊と呼ぶことができる、とても大切なものと言えます。

顧客リストを踏まえることで、今後どんな販売法をすれば顧客が店に価値を感じてくれるのか、そのためにはどんなキャッチコピーでのＰＯＰを使った商品の見せ方が効果的なのか、また店内のどの位置でどの単価の商品を陳列するのがもっとも効果的なのか、などを知ることができるのです。

ＰＯＰの表示や販売トーク、ＰＯＰのキャッチコピー、ひいては商品の陳列場所や陳列方法に至るまでのほとんどの理由を見つけることができるわけです。

顧客リストはとても便利だし、活用しない手はないと言えるでしょう。

さあ、そこまで分析ができれば、今度はその分析結果を元に販促法を考えます。

どんなプロモーションをすれば顧客にもっとも響くのでしょうか？　どんなチラシやＤＭで顧客に商品の紹介や案内状を出せばいいのかを考えることができます。

さて、そこで問題になるのが、

・どの価格帯が顧客にとって買いやすく、支持してもらえるのか？

・どうやって顧客が1回きりで終わらずに何回でも通える、購入しやすい商品価格にするのか？

・それをどのように顧客に見せていくのか？

もちろん、ただ単に価格を下げて安く売ればいいというものではありません。あくまで顧客が買いやすく、支持しやすい値頃を見つけて訴求していくことが大切だということです。

そのために、把握しておきたいことがあります。

それは、どの価格帯をメインに陳列すればいいのか、またその上限はどこまでのラインにするのか、またどこにボリュームを出した商品構成にするのか、ということです。

そこまで考えると、価格帯（プライスゾーン）と価格線（プライスライン）、価格ポイント（値頃感・プライスポイント）をもとに、店内の戦略を組むことができるようになります。

・価格帯（プライスポイント）とは、商品売価の上限と下限の範囲のことを言います。
・価格線（プライスライン）とは、プライスゾーンの中で、顧客がさらに商品を選びやすくなるための売価の基準ラインのことを言います。
・値頃感（プライスポイント）とは、店の中で陳列されている商品の量や販売量がもっとも多い価格のことを言います。

価格帯を決めることで、顧客は店の商品とある程度の価格の雰囲気を理解することができ、それによって自分に合った店かどうかもわかるため、安心して来店することができます。

すべて時価で、まったく価格表示のない店だと、はたしていくらぐらいするのかわからないため不安になってしまい、店に入ることを躊躇してしまいます。

それを防ぐために、価格帯をわかりやすく表示することが大切になります。

価格線は、顧客が安心して来店できる価格帯を提示したうえで、顧客が商品と価格の差を理解し、商品を選びやすいように価格をいくつかのくくりにした状態です。

もし商品に1001円、1005円、1102円といった価格がついていたら、選びにくくて仕方がありません。

たとえば、店の価格帯が1000円から1万円だとすると、1000円、3000円、5000円、7000円、1万円という商品のくくりになっていると、おおよその商品の違いを見分けやすくなるわけです。

お客様が選びやすく、買いやすい価格を提示することで、混乱することなく購入に至りやすいということなのです。

そして、最後にもっとも大切なのが値頃感です。

値頃感は、顧客が一番買いやすく、一番支持している価格なので、ボリュームとカラーなど、選べるバリエーションを揃えておくことが必須となります。飲食店であれば、その価格と少し上の価格を揃えておくことで、値頃感の商品をよりお得に見せることができるし、上の価格の商品を購入してもらえるチャンスも出てきます。

物販店の場合は、値頃感の商品の隣に約20％上の価格の、魅力的なキャッチコピーのついた商品を陳列すると、その20％高い商品が売れはじめるということが起こります。

20％を超えてしまうと価格の違いを明確に認識してしまい、30％になると完全に高くなったと認識されてしまいます。

ということで、値頃感を知って陳列することで、顧客がどの価格を支持しているのかがわかるため、セール時の値引き対象商品や値引額を決めやすくなります。

また、単価を少し上げたい場合は、値頃感の商品よりも20％まで単価の高い商品のボリュームを増やして隣に陳列するだけで、単価を上げる仕掛けを作ることができます。

顧客リストを知り尽くすことで、こんなことまでわかってしまうというわけです。

ぜひ、あなたも今すぐ顧客リストを分析してみてください。きっと気がつかなかった宝の山を見つけることができるはずです。

エピローグ　時代を超えて想い出をつなぐ強い店を作ろう！

最後までお読みいただき、ありがとうございました。

いかがだったでしょうか？

あなたの店の強み、伸ばすべきところがわかったでしょうか？

また、販促についての考え方が、少しでも参考になればうれしく思います。

店はあなた1人のものではないということも知っていただきたいと思います。

店を経営をしていると、売上げが思うように上がらない、そんなときにどうしようもない孤独感に苛まれることがあるかもしれません。

しかし、そんなときこそ、あなたを支えてくれる家族やスタッフ、お客様がいることを思い出していただきたいと思います。

店はあなただけのものではありません。

店はスタッフのものでもあり、お客様のものでもあります。

だから、店は継続していかなければなりません。

店がなくなる、閉店するということは、あなたやあなたの大切な家族が辛いことはもちろん、スタッフの雇用が守れず、そのスタッフの家族も困らせてしまうことになります。

そして何より、お客様の想い出の場所を奪ってしまうことになるのです。

私は店を守ることは、スタッフ、お客様の想い出を守ることだと思っています。


実は、私が今の仕事である、〝店舗活性化アドバイザー〟という仕事を生業としている根源はここにあります。


私が小学校2年生のときの体験が、今でも心に深く刻まれています。

わが家は、あまり外食の多い家庭ではありませんでしたが、たまたま父親の都合で梅田（大阪の真ん中）で外食をすることになりました。滅多に行かないステーキ店でした。

もうかれこれ30年以上も前のことなのに、今でもそのときの光景はよく覚えています。

ふだん少食な兄が、がっついて肉を頬張る姿、生肉をあまり食べない母親がおいしそうにたたきの肉を食べている姿、それをうれしそうに眺めている父親の姿。そんな家族の想い出の1ページがありました。

そして、帰りに板チョコを手渡しながら、「大人になったら、お父さんとお母さんを連れておいで」と言ってくれた店主の顔は、今でもハッキリと覚えています。

そして、それから15年以上の時が過ぎ、私は社会人となりました。

初任給をもらったら、その店に行くと決めていました。

親に店の場所と名前を聞いて下見に行きました。しかし、どんなに探してもその店は見つかりません。かろうじて見つけたのは、その店の跡地の裏にある精肉店だけでした。

仕方なく、その精肉店でステーキ店のことを聞くと、「ステーキ店はもう潰れたんです。今は、この肉屋だけなんです」という答えが返ってきました。30年前のことを話すと、「その板チョコを渡したのは、うちの父だと思います。今はこの精肉店だけ何とかやっています」という答えでした。

私は愕然としました。今まで温めてきた想い出が、一気に崩れるような感覚でした。今まで育ててもらった親に、ようやく恩返しをするチャンスを失ってしまった気持ちになりました。

もちろん他に店はたくさんあるし、恩返しの方法もいくらでもあります。しかし、私にとって特別な想い出の場所を失うことは、とても辛いことでした。

店が潰れるということは、長年の夢をようやく形にできた店主の想いだけでなく、そこで働いていたスタッフ、そこで想い出を作ったお客にとっても、大切な過去の時間を壊すことになってしまうのです。

これ以上、そんな想いをする人を増やしたくない。

それ以来、店を継続する方法をお伝えしていくことが私の使命となりました。


店を継続することは、時を超えて多くの人の想い出をつなぐことになります。そのためには、強い経営力と販促力が必要だと思い、筆を取りました。


本書を読んでくださったあなたには、もうこの想いは届いていることと思います。

店をよくしたい、売上げを上げたい、そう思って本書を手に取ったあなたなら、あなたの想い、スタッフの想い、お客様の想い出をつないでいくことができると確信しています。

大丈夫です！

あなたならきっとやれるはずです！

あなたには、もうその力は備わっているはずです。

一緒にがんばりましょう！

本書を読んでくださったあなたに感謝します。私をいつも暖かく支えてくれる家族、友人、仲間に心から感謝をし、お礼を申し上げます。

そして、最後に本書を書くという貴重な機会を与えてくださった同文舘出版株式会社の古市達彦編集長に深く感謝いたします。

佐藤志憲

2015年7月25日

感謝を込めて。

著者略歴

佐藤志憲（さとう　ゆきのり）

OFFICE　DETECT 代表。2013年7月に独立後、現在、店舗の販促と人材育成で売上げを上げるコンサルティングを行なっている。また、東京、大阪で店舗販促、マーケティングのノウハウを教える塾を開講し、塾生に独自開発した〝**3M**〟プログラムを教えている。

そのノウハウとは、ただの通行客でさえも顧客に変える〝**見せる**〟店頭の仕掛け、行動心理と視覚作用によってお客を惹きつける〝**魅せる**〟陳列、優良顧客を徹底的に贔屓する顧客化システム〝**身内化戦略**〟などで、顧客目線でありながら、実践的かつ戦略的な手法であると定評がある。

そのノウハウは、15年間在籍した、その当時メガネ業界ナンバー1の「メガネの三城」での経験から生み出されたものであり、全社キャンペーンで個人売上げ日本一に4度輝くなどの実績を残すことになる。その結果、不採算店舗の〝再生担当〟としてエリアの店長をマネジメントする店舗リーダー役に就任し、24ヶ月売上げ増をはたす。ただひとつの心残りが店長初任店でのこと。それは、もともと閉店予定だったにもかかわらず、閉店することを聞かされておらず、スタッフ全員からも辞表を出されることになり、黒字化するも強制的に閉店に追い込まれてしまった。

その悔しい経験から現在、〝店舗を守ること、店舗を継続することの大切さ〟をクライアントや塾生に、独自プログラム〝3Mマーケティング〟を使い実践的なノウハウとして教えている。

現在、口コミと紹介のみで顧問契約を結び、カフェをはじめとする飲食店をメインとし、携帯ショップなど幅広い業種業態を超えたクライアントを経営改善に導いている。

また、全国の商工会議所や企業から依頼で、年間約100回近い講演を行なっている。

キャッチフレーズは、〝**見せる化**〟、〝**魅せる化**〟、〝**身内化**〟**の3つのMで繁盛店を作る店舗活性化アドバイザー**

あなたの店を超繁盛店に変える「9つのテクニック」

平成 27 年 9 月 29 日　初版発行

著　者 ―― 佐藤志憲

発行者 ―― 中島治久

発行所 ―― 同文舘出版株式会社

東京都千代田区神田神保町 1-41　〒 101-0051
電話　営業 03（3294）1801　編集 03（3294）1802
振替 00100-8-42935
http://www.dobunkan.co.jp/

 ISBN978-4-495-53131-7

印刷／製本：三美印刷　Printed in Japan 2015